少年读 全景
中华上下五千年

⑤ 宋元更替

廖志军◎编著

四川教育出版社
·成都·

图书在版编目（CIP）数据

少年读全景中华上下五千年. 5，宋元更替 / 廖志军
编著 . — 成都：四川教育出版社，2021.10
　　ISBN 978-7-5408-7787-3

　　I. ①少… 　II. ①廖… 　III. ①中国历史—宋元时期—
少年读物　IV. ① K209

中国版本图书馆 CIP 数据核字（2021）第 185038 号

SHAONIAN DU QUANJING ZHONGHUA SHANGXIA WUQIAN NIAN 5 SONGYUAN GENGTI
少年读全景中华上下五千年 5 宋元更替

廖志军　编著

出 品 人　雷　华
责任编辑　任　舸
责任校对　宋笑颖
封面设计　路炳男
版式设计　闫晓玉
责任印制　田东洋
出版发行　四川教育出版社
　　　　　地　　　址　成都市黄荆路 13 号
　　　　　邮政编码　610225
　　　　　网　　　址　www.chuanjiaoshe.com
印　　刷　德富泰（唐山）印务有限公司
制　　作　闫晓玉
版　　次　2021 年 12 月第 1 版
印　　次　2021 年 12 月第 1 次印刷
成品规格　188mm×245mm
印　　张　9
书　　号　ISBN 978-7-5408-7787-3
定　　价　168.00 元（全 6 册）

如发现印装质量问题，影响阅读，请与本社联系。总编室电话：（028）86365120
编辑部电话：（028）86365129

北宋王朝
积贫积弱的时代

少年读全景中华上下五千年 5

宋元更替

五代十国///割据与战乱的时代

公元 907 年 ~ 公元 979 年

〉〉〉朱温逼唐哀帝禅让，自即帝位，改国号为梁，定都开封，史称后梁。

◎看世界／奥托率军平定罗马叛乱　　　◎时间／961年　　　◎关键词／教皇求援

中晚唐时期，藩镇割据，严重削弱了中央政权。907年，节度使朱温灭唐称帝，并改国号为梁，是为后梁。中国社会由此进入割据纷争的时代——五代十国时期。

公元907年～公元979年
////////五代十国////////
朱温称帝

始作俑者，朱温称帝

朱温本属唐末黄巢起义军的一部，他作战勇猛，功绩卓著。起义军占领长安之后，黄巢建国称帝，任命朱温为同州防御使。后来朱温向唐朝投诚，唐僖宗非常高兴，封他为左金吾大将军、河中行营副招讨使，还赐名"全忠"。朱温的叛变使得黄巢大受打击，很快就败亡了。

▲（后梁）赵嵒《八达游春图》（局部）

本幅为绢本人物画，笔触细腻，人物、马匹回首顾盼，鲜活生动。作者赵嵒为后梁太祖女婿，善画人马，精于鉴赏。本幅题为"八达"，不明所指，或为达官贵人之意。

唐昭宗即位后不久，就被宦官刘季述等人软禁。朱温联合宰相崔胤，进入皇宫消灭了刘季述等人。于是昭宗就封其为梁王，朱温的地位愈加巩固。后来，昭宗又被宦官韩全海与节度使李茂贞挟持到了凤翔。朱温兵临城下，将昭宗接回了长安。此时的昭宗虽然名义上仍是国君，但实际已被朱温掌控。

904年，朱温将昭宗挟持到自己的地盘洛阳软禁了起来。不久，朱温命人杀死昭宗，将年仅十多岁的小皇子李柷立为傀儡皇帝，是为唐哀帝。907年，朱温受禅称帝，改名为"晃"，改元开平，国号梁，史称后梁，朱温是为后梁太祖。后梁定都开封，以开封为东都，洛阳为西都。

唐末帝王软弱无能，宦官干政专权，藩镇割据日渐严重。皇帝们多次逃出都城避难，地方节度使纷纷称王。朱温作为势力最为庞大的一方军阀，终结了唐王朝，建立后梁，揭开了五代十国的序幕。

安邦定国，整顿军队

朱温虽然做了皇帝，但地方割据的形势并没有太大改变，不少军阀联合起来反对他。其中，晋王李克用的实力最强，他实际上已成为反对朱温势力的领袖。为了稳定局面，朱温在政策上进行了调整。

朱温不再单纯注重军事力量的发展，而是开始鼓励耕作，发展生产，并出台了一些休养生息的政令。这些做法促进了中原地区经济的复苏，也使得社会慢慢安定下来。同时，为便于地方官员正常行使职能，朱温规定地方官员的职权高于地方军事将领，可以对后者实施监管。此外，朱温吸取唐

少年读全景中华上下五千年·5·宋元更替
▼
五代十国·割据与战乱的时代
〇〇二

亡的教训，对高级将领严格管理，只要有人表现出异心，就尽快将其斩杀或监禁，以防发生叛乱。

朱温还对军队进行了整饬，申明纪律，以增强战斗力。他将李克用作为重点打击对象，数次征伐。当时的泽州、潞州是进入晋地的要冲，具有突出的军事地位。907年，朱温遣康怀贞领兵八万攻击潞州，但遭到惨败。朱温撤掉康怀贞，遣李思安前去攻打，仍然无法攻克。于是朱温又以刘知俊替代李思安，依然被李克用的儿子李存勖打败，梁军伤亡惨重。

两年之后，朱温把都城迁到了洛阳。对晋军作战的失败，使朱温对将领的不信任感日渐增强。他杀掉了守卫长安的王重师，还灭其九族。此举使守卫同州的刘知俊心惊胆战，于是就投靠了岐王李茂贞。朱温还疑心已经臣服于自己的赵王王镕与李存勖私下往来，就派遣王景仁前去攻打他，王镕遂请求李存勖救助，李存勖借机向东进军攻梁，于柏乡大胜梁军，歼敌两万，缴获无数钱粮。

滥杀无辜，荒淫成性

除了猜忌臣下，嗜血成性也是朱温失败的原因之一。895年，他曾与朱瑄在巨野激战，取得大胜。朱瑄所部大都被杀，有三千余人被俘。朱温清理战场时见狂风大作，认为是杀人不足所致，就命人将所俘敌军统统杀掉。

朱温杀戮的对象既包括敌人，也包括自己的兵将。他以十分严苛的手段管理军队：若将领在战斗中阵亡，其部属要与之一同赴死；若胆敢退回，则一概处死。因此将领阵亡后，兵卒只能逃跑。朱温还在兵卒的面部刺字，假如他们逃跑，被捉住了就只有一死。

此外，朱温的淫乱无道也是人尽皆知。起

▲（后梁）关仝《秋山晚翠图》（局部）

关仝（约907~960），五代后梁画家。在山水画的立意造境上能超出同时代画家荆浩的格局，从而显露出自己的独特风格，被称为"关家山水"。关仝喜作秋山、寒林、村居、野渡、幽人逸士、渔村、山驿等相关景致，能使观者如临其境。他的画风格朴素，形象鲜明突出。在这幅《秋山晚翠图》中，崖壁陡峭，下临流水，高耸的峻岭直顶苍天，放眼望去，好像山石满画。山中枯黄的树叶，更渲染出了秋季清冷静谧的气象。整幅画使观者如临深林之中，全无尘俗之气。

初，其妻贤淑明理，对他尚且有所管治。妻子身故之后，朱温就开始寡廉鲜耻地纵情声色。

912年，朱温身染重疾。是年，其子朱友珪发动宫廷政变，将其杀死。

◎看世界/神圣罗马帝国形成　　　　◎时间/962年　　　　◎关键词/教皇加冕

公元907年～公元979年
////////五代十国////////
李存勖建后唐

李存勖为唐末的地方军阀，乃晋王李克用之子。李克用死后，他承袭了晋王之位，此后开始大肆扩张势力范围，最终在923年灭掉了后梁，于魏州称帝，建立后唐。李存勖军功卓著，但欠缺治国之才。他当上皇帝之后，沉迷于戏曲，终日与伶人为伍，最后也死于伶人之手。欧阳修在《新五代史》中这样评价他："故方其盛也，举天下之豪杰，莫能与之争；及其衰也，数十伶人困之，而身死国灭，为天下笑。"

建后唐、灭后梁，军功赫赫

李存勖字亚子，是晋王李克用之子。他从小就热衷骑射，勇猛无比，因此深得其父喜爱，很早就随父外出征战。

李克用在唐末地方军阀中的地位比较突出，其地盘在太原一带。他趁着军阀混战，将自身的势力范围逐步扩大，并在895年被唐朝册封为晋王。朱温取代唐朝建立后梁之后，李克用依然使用唐朝年号，与朱温对立。但就在朱温当上皇帝的次年，即908年，李克用便因病身亡了，这时，只有二十四岁的李存勖承袭了王位。

李存勖对朱温的作战以胜利居多。他连续出击，攻克邢州、魏州、博州、卫州等地，势力范围直抵黄河以北。之后，以幽州

为根据地的刘守光意欲借机抢夺镇州、定州，李存勖遂转而抗击，仅用两年时间就平定了幽冀之地，俘获并杀掉了刘守光。

915年，后梁魏博地区发生叛乱，叛乱兵卒归降了李存勖。

▶《五代丹枫呦鹿图轴》
作者佚名。使用了类似西方的光影艺术来表现鹿的立体感。

▲（后唐）《庄宗击鼓图》

李存勖，五代时后唐的开国皇帝。他称帝后沉迷于戏曲，宠幸伶人，导致军队离心离德，后被李嗣源夺权。

李存勖因此据有魏州，并担任魏博节度使。随后，他又将德州、澶州、卫州、洺州、邢州等收入自家版图，之后又不费一兵一卒就获得了相州、沧州和贝州。

最终，李存勖于923年在魏州称帝，定国号为唐，是为后唐，意在说明其上承李唐王朝，反对后梁实属天经地义。李存勖即后唐庄宗。

称帝之后，李存勖继续向后梁发动进攻，最后攻陷了后梁都城，迫使梁末帝自刎而死。灭梁后，李存勖将开封府降为汴州，后来又把都城定在了洛阳。

亲伶人、重宦官，治国乏术

李存勖英勇果敢、胸怀韬略，具有卓越的军事才能。此外，他还爱好声乐，通晓音律，精通戏曲。可惜的是，他缺少治国之才，结果只在皇帝宝座上待了短短几年就身死国灭了。

宠信伶人是李存勖失败的原因之一。由于喜好戏曲，这位皇帝甚至时常和伶人同台演出，伶人由此骄横跋扈，肆意妄为，甚至参与决策军政大事。

除了重用伶人，李存勖还格外信任宦官。将都城迁往洛阳后，他步唐末皇帝的后尘，起用宦官担当要职。有的宦官甚至担任了监军一职，具有监管军中将领的大权。

此外，李存勖的皇后刘氏贪恋钱财，吝于施舍，还干涉政事，搞得后唐朝廷混乱不堪。有一次，大将郭崇韬被宦官诬告谋反，李存勖还在考虑如何处理，刘皇后就擅自下令将郭崇韬杀掉了。此后，事情又波及大将朱友谦与其部将史武等七人，结果他们都被灭了九族。这使得军民义愤，人心动摇。部分将领为了给郭崇韬、朱友谦等人复仇，举兵攻唐，可是都遭到了镇压。

驻扎在魏博的部队是李存勖的精锐之师，在进攻后梁的时候发挥了极其重要的作用。但李存勖却猜疑他们，结果引起了他们的叛乱。叛军很快就攻陷了邺都。紧急关头，李存勖只好任用他并不信任的李嗣源前往平乱。可是跟随李嗣源前去平乱的军队刚到邺都也叛乱了，他们拥戴李嗣源为首领，进攻汴州。李存勖知道后，带领两万五千人向开封进发。半路上听说开封已被攻陷，只得无奈地下令退兵。此时军心已经涣散，士兵在半路上不断逃跑，军队在这种情况下，勉强返回了洛阳。不久，担任亲军指挥使的伶人郭从谦作乱，攻入皇宫。在混乱之中，四十三岁的李存勖死于流矢之下。

李存勖勇力与智谋超群，长期纵横疆场，后来扫平黄河以北，立唐灭梁。然而，他没有守护国家社稷的才干，无心政务，骄奢放纵，最终在建国三年之后败亡。

李嗣源为李克用的养子，是李存勖建立后唐的重要功臣，但由于其功勋危及了皇帝的地位，所以不被李存勖重用。他后来举兵反叛，做了后唐的第二位皇帝，是为后唐明宗。李嗣源了解李存勖败亡的原因，所以他为政宽仁，鼓励发展农业，是五代时期不多见的有为之君。司马光在《资治通鉴》中评价他："在位年谷屡丰，兵革罕用，校（较）于五代，粗为小康。"

公元907年~公元979年
//////////五代十国//////////
后唐明宗李嗣源

出其不意，攻克郓州，捕获敌将王彦章，在很大程度上扭转了战局。然后，他献策西进，攻击汴州。

后来，他率领大军首先攻入梁都，迫使梁末帝自刎，从而消灭了后梁。在灭梁的战争中，李嗣源可谓居功至伟。

后梁灭亡后，李嗣源继续向北进攻契丹。925

智勇双全，忠心护主

李嗣源原名邈佶烈，是沙陀人。他从十三岁起就在李克用的父亲李国昌军中效力。因其在战场上表现英勇，遂受到赏识，成为李克用的养子，并被李克用赐名"李嗣源"。李嗣源精通骑射，为人质朴温厚，沉默寡言，严谨细致。十七岁时，他参加源驿之战，不顾个人安危救了李克用的性命，因此愈发得到重用，成为侍卫队长。

李嗣源虚怀若谷，不恋富贵，又能够宽以待人。他常常率领属下修缮武器，筹备粮草，遇有封赏，则分发给众人，因此深受部下的拥护。

李存勖成为晋王之后，继续攻击朱温，李嗣源在战争中屡立奇功，被擢升为安国节度使。

后来，契丹军队攻打幽州，李嗣源又主动请缨，率军退敌，被加封为检校太保。

923年，李嗣源被任命为横海节度使。时逢唐、梁大军在黄河两侧对垒，部分梁军猛攻泽州，而晋军将领李继韬又献出潞州向对方投诚，切断了唐军的补给路线。千钧一发之际，李嗣源

▲（五代）彩绘木塔

塔高68厘米，呈八角形，塔顶及塔身每面都彩绘菩萨三身。每个转角梁上插一块木牌，上有彩绘菩萨。据记载，出土时塔内装有一座银塔，上刻"于阗国大师从德"字样，可惜银塔已不知下落。

▲（五代）青釉莲纹执壶
质地为瓷，此壶器型周正，釉色光亮。

年，他第二次率军打败契丹，成为镇州节度使。由于功绩太大，李存勖对他逐渐产生了猜忌。

926年，魏州赵在礼发动叛乱，李嗣源领李存勖之命去平乱，可是他不久便迫于形势跟叛军联合，挥师进攻洛阳。不久，李存勖在宫廷政变中死去。李嗣源进入洛阳，在李存勖的灵柩前登上了帝位。

革除弊政，休养生息

李嗣源登基之后，取缔了李存勖制定的各种不合理政策，让百姓休养生息，效果比较显著。

他一上台就剥夺了伶人与宦官的权力，并命令地方节度使诛杀宦官和伶人。他还大幅削减宫中人数，只留下内职一百人，宦官三十人，教坊一百人，鹰坊二十人，御厨五十人，其余则另谋生路。这样不仅减轻了国库的负担，而且排除了政治上的不稳定因素。

李嗣源还严厉打击行为不端的官吏，即使是重臣也绝不姑息。许多贪官因此遭到了罢免或诛杀。

在农业上，李嗣源鼓励生产，降低赋税，并下令大力推广铁制农具，从而使人民的生产水平得到了较大提高。

在李嗣源实施的这些利民政策的推动下，中原地区的农业生产较以往有了很大的进步，基本上年年都有好收成。由此，后唐社会安定下来，百姓们大都过上了安稳的生活。

瑕不掩瑜，乱世明君

李嗣源在位七年多的时间里，由于实施利国利民的政策，国家出现了欣欣向荣的景象。《资治通鉴》写道："在位年谷屡丰，兵革罕用，校于五代，粗为小康。"可是，李嗣源却未能很好地管制臣下。枢密使安重诲自恃功高，独断专横，宰相任圜跟他相互对立，两人常常在朝堂上大声谴责对方。后来安重诲捏造意图谋逆的罪名，假传圣旨杀了任圜。李嗣源却对此缄默不语。

另外，李嗣源一直未能确立储君。他希望皇子李从荣继承自己的王位，但又不册立他为太子，这使得群臣不知如何是好，李从荣心中也忐忑不安。933年，李嗣源染疾，李从荣担心自己无法继承皇位，就领兵入宫，意图夺权，被枢密使朱弘昭等打败并杀掉。李嗣源因此悲痛万分，于是把宋王李从厚召入宫中侍疾，并确立他为继承人。其后不久，六十七岁的李嗣源就去世了。

石敬瑭为了当上皇帝，不惜认契丹人为父，还许诺割让燕云十六州，以求契丹发兵相助。在契丹人的扶持下，他终于成为皇帝，建立晋国，是为"后晋"。契丹人取得了燕云十六州，打通了进攻中原的通道，他们在此基础上开始大肆劫掠中原。石敬瑭引狼入室，却又难以掌控时局，最后抑郁而终，只留下了可耻的"儿皇帝"这一骂名。

公元907年~公元979年
//////////////五代十国//////////////
"儿皇帝"石敬瑭

职由李嗣源之子李从荣担任，李从荣狂傲骄纵，石敬瑭觉得他将来肯定会栽跟头，于是就坚决推掉了这一职位。

果然，李从荣日后由于抢夺帝位而被杀。

后来，石敬瑭又凭借军功成为河东节度使。河东是后唐的发迹之地，石敬瑭执掌河东之后，就成了后唐所有北方将领中军权最大的将领之一。

骁勇善战，谋略超群

石敬瑭，生于太原，他年轻时沉稳淳朴，喜好兵法，十分敬佩战国名将李牧与西汉名将周亚夫。后来，他投入李嗣源麾下，并得到重用，成为李嗣源的女婿和左膀右臂。他四处征战，驰骋疆场，对李存勖和李嗣源都有救命之恩，可谓功绩显著。

石敬瑭不但有非凡的军事才能，而且具有出众的政治见解。他常给李嗣源解析态势，出谋划策。魏州的赵在礼叛乱后，李嗣源前往平乱，可是后来他率领的队伍同样叛乱了。李嗣源原本要向李存勖报告实情，但石敬瑭却阻止他说："您率军在外，手下的士兵叛乱，您怎么自保呢？优柔寡断是领兵打仗的人最忌讳的，此时我们应该乘机快速向南前进，占据开封。开封是天下中枢，倘若行动成功，那么必能成就大业！"李嗣源如醍醐灌顶，马上依计而行，最终成功夺取了帝位。

石敬瑭因谋划有功，升任陕州保义军节度使，并被赐为"竭忠建策兴复功臣"，担任六军诸卫副使，成为亲军最高级别的副长官。

然而，石敬瑭对这个副职并不看重。当时正

取媚契丹，出卖国土

933年，李嗣源去世，其子李从厚登基，是为后唐闵帝。之后，李嗣源养子李从珂篡位，是为后唐末帝。石敬瑭在此过程中出力不少，但李从珂当了皇帝后，对实力强大的石敬瑭颇为猜忌。石敬瑭一直小心防备，他以抵御契丹滋扰为由，多次请求末帝给他调拨粮草，其实是在为夺取政权筹备军资。

为了试探李从珂对自己是否信任，石敬瑭写了一封奏章，假称要辞掉马步兵总管一职，并要求到别处担任节度使。他认为，倘若请求被批准，就证明李从珂对自己并不信任；倘若李从珂安抚他并劝他留任，那证明李从珂对自己还很放心。可是，李从珂觉得不论调任与否，石敬瑭终究会造反，所以干脆下令将他调往别地。石敬瑭知道后，声称身体有病，无法离任，趁机静观事态变化。然后他又上表说李从珂只是养子，没有资格继承帝位，要求他退位。李从珂立刻宣布免去石敬瑭的职位，然后派大军进攻太原。

石敬瑭见大军压境，自己并无优势，就去请求契丹的耶律德光出兵援助。石敬瑭提出了割让

〉〉〉岭南割据势力刘岩称帝于番禺（今广东广州），国号大越，次年改国号为汉，史称南汉。

◀（五代）灵台舍利棺

灵台舍利棺，长45.6厘米，甘肃灵台县出土。当时，盛载舍利的容器通常由多个部分组成，而最外边的部分常制成棺椁的形状。这个舍利石棺用质地细密的灰白砂岩制成，敷以红、绿、蓝、白、金等色。棺身两侧有浮雕佛传故事，前后两端各有线刻双扇门，两旁各有一位天王守护。

燕云十六州、常年纳贡、认比自己小十岁的耶律德光为父等条件，低三下四地请求契丹出兵。石敬瑭手下的大将刘知远觉得这样做过于卑躬屈膝，劝他改变计划。可石敬瑭满脑子都是皇帝梦，根本听不进任何意见。

耶律德光得知此事后欣喜不已，认为这是自己踏入中原的绝好机会。于是他马上出兵支援，石敬瑭由此实力大增，将后唐军队击溃。随后，石敬瑭在柳林即位，定国号为晋，史称后晋，石敬瑭即为后晋高祖。后来，石敬瑭将开封定为都城，称为东京开封府。

过大于功，难逃骂名

石敬瑭在陕州、魏博、河东等地担任地方长官时，把各地都治理得政通人和，成就十分突出。成为后晋皇帝后，他免除了八十岁以上老人的徭役，遇有旱灾，就免去当地五分之一的租税。可是在个人生活上，石敬瑭却愈发奢靡，用黄金、珠宝等将宫殿修饰得美轮美奂。他还颁布了不少严厉的刑律，以酷刑对待反抗的民众，而且十分宠信宦官，导致宦官的势力再次膨胀。

尽管石敬瑭身为皇帝，但却是个"儿皇帝"，他的日子并不好过。就个人而言，他深感受辱；就国家而言，契丹虎视眈眈，后晋倍受威胁。加上石敬瑭当时未能收复各地，致使变乱迭生，自己的军事地位大幅下滑，身心上也屡受刺激。于是他郁郁寡欢，后来又染上疾病，早早离开了人世。

《旧五代史》对于石敬瑭的功过进行了合理的评价，褒扬了他原先的政绩和作为，称赞他尊重人才，从谏如流，也批评了他一心谋求皇帝宝座，为此不惜割地给契丹，引狼入室，导致民众遭受战乱的行为。

公元907年～公元979年
//////////五代十国//////////
后汉高祖刘知远

五代时期，各个王朝如走马灯般快速更迭。一些将领看到政权更迭如此容易，就不免想要尝尝当皇帝的滋味，刘知远就是其中的代表。他早年跟随石敬瑭多方征战，逐渐有了称帝的野心。后来，他趁后晋衰亡之际，于947年在太原登基，建国号汉，是为后汉。

有勇有谋，救石敬瑭

刘知远生于太原。他沉稳庄重，面目冷峻，寡言少语，显得十分严厉。他青少年时期，正值李克用、李存勖父子割据太原，刘知远就在李克用的养子李嗣源部从军，正好与石敬瑭在一起任职。

在一次战斗中，石敬瑭的马受伤，石敬瑭落到了敌军的追击范围内，极其危险。刘知远见状，便叫石敬瑭换乘自己的马，然后自己骑上石敬瑭的马断后，救了石敬瑭一命。

李嗣源称帝之后，石敬瑭被任命为河东节度使。他不忘刘知远的恩情，专门将其调到自己手下，收为心腹。934年，李从珂意图篡位，攻占洛阳。石敬瑭在卫州遇到了逃亡的闵帝李从厚，二人进入室内秘密商谈。刘知远担心石敬瑭的安全，就悄悄让勇士石敢保护他。闵帝的手下认为石敬瑭不愿尽忠护卫皇帝，就用剑去刺他。石敢保护石敬瑭躲进了旁边的房间，以大木头挡住门口。刘知远听到消息，立即带人冲进屋中，发现石敢已死，而石敬瑭毫发无损。刘知远杀掉了闵帝的所有手下，再次成为石敬瑭的救命恩人。此后，石敬瑭愈发尊敬和器重刘知远。

李从珂称帝后，石敬瑭又一次成为河东节度使，但两人的矛盾很快爆发，石敬瑭于太原密谋反叛。为了增强自身力量，他决定向契丹求助。可是刘知远得知石敬瑭向契丹做出的种种承诺后，觉得那些承诺过于丰厚。他说："称臣可矣！以父事之太过。厚以金帛赂之，自足致兵，不必许以土田，恐异日大为中国之患，悔之无及。"但他的建议没被石敬瑭接受。后来，太原遭到后唐部队的围攻，刘知远凭借五千人成功抵御了对方的五万人，石敬瑭对此很是赞赏。攻克后唐都城之后，石敬瑭就让刘知远掌握军权，并任命他为禁军总管。

调任河东，积蓄力量

937年，刘知远被提升为检校太保、侍卫亲军马步军都指挥使，并担任忠武军节度使。后来，石

◀（五代）越窑秘色弦纹盘口穿带瓶

该瓶盘口外撇，短颈饰弦纹，圆腹下收，圈足。瓶两侧肩部至下腹各贴一对云形耳，且用乳钉固定，圈足两侧与耳垂直处分别镂有长方形孔，与双耳共作穿带提携之用。此器通体施青釉，泛翠绿色，釉层光亮润泽，釉面平整光洁，釉色纯正，宛如一汪湖水，给人以宁静、简洁之美。

敬瑭下令让刘知远去担任归德军节度使，而原来的归德军节度使杜重威则担任忠武军节度使。

刘知远知道杜重威是凭借跟石敬瑭沾亲带故才获得高位的，因而非常看不起杜重威，拒绝调任。他的这一举动让石敬瑭大为不满，两人的关系开始出现裂痕。

940年，石敬瑭将刘知远下放到地方，担任邺都留守。

次年，刘知远又被调任北京留守、河东节度使，还被杜重威夺走了侍卫亲军马步军都指挥使的位子。对于石敬瑭接连调任自己的目的，刘知远心知肚明，于是他便以河东为根据地，积极积蓄力量，并密切关注后晋朝廷的动静。

石敬瑭在942年死去，昏聩平庸的石重贵登基。对石重贵来说，处理与契丹的关系就已经足够让他焦头烂额，更别说对付刘知远了。

刘知远预测后晋必定会与契丹开战，所以愈发小心地保持并培养自己的力量。后来，后晋、契丹果然开战。刘知远坐山观虎斗，乘机收编了许多流散的后晋军人，连同原有的部队，达到了五万人规模。羽翼渐丰的同时，他密切地观察局势，等候一统中原的机会。

称帝建后汉

石重贵是石敬瑭的侄子，他登基之后，只愿对契丹称臣。这使耶律德光怒不可遏，几番出兵进攻后晋，最终在947年打败后晋，俘虏了石重贵，灭亡了后晋。

此时，刘知远派遣使者献三表给耶律德光，首先祝贺耶律德光攻占了开封；其次解释说太原等地有多民族杂居，他必须在此牢牢守卫，因此无法抽身前往觐见；最后，刘知远声称自己早已备齐了贡品，可是契丹大军已由土门入河东界，

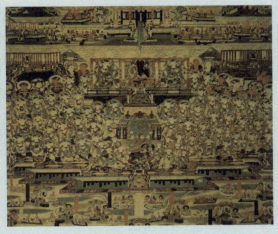

▲（五代）思益梵天所问经变
出自敦煌莫高窟。

自己前往开封的道路遭到堵塞，唯有日后道路恢复畅通时才能纳贡。当时中原还不安定，耶律德光明白消灭刘知远还不太可能，所以只好假惺惺地夸赞了他一番。

当时，部将们曾劝刘知远进攻开封，驱逐契丹。但刘知远却说："契丹新收服了后晋军队，有十万人之多，又有开封的坚固城池，我怎能在此时去攻打呢？我认为契丹人只是贪财罢了，只要他们抢掠一空，势必退回。此时冰消雪融，契丹人又不喜欢中原的温暖气候，必然难以长久驻留。契丹人撤离之际，便是我进攻之时。"刘知远的预测很有道理，并最终应验了。

之后，刘知远在百官的再三恳请下，于947年在太原登基。他决定继续使用后晋年号，以便收拢人心。直到他占领洛阳后，才把国号改为汉，是为后汉，刘知远即后汉高祖。

刘知远登基之后没多久就病死了，没有做出多少政绩。史书评价道："虽有应运之名，而未睹为君之德。"意谓刘知远有称帝的运气，可是并没有机会展露出一国之君的德行。

郭威曾是后汉的枢密使，于951年起兵反汉，夺取了政权，建国号周，是为后周。他非常了解民间的诉求，所以登基之后勤于政事，关心百姓，鼓励农耕。在他的治理下，后周很快就具备了强国之象，这也为周世宗柴荣统一天下打下了良好的基础。

公元907年~公元979年
//////////五代十国//////////
郭威开封称帝

靠了他，并得到重用，成为他的得力助手，为刘知远成就大业立下了汗马功劳。

刘承祐在刘知远死后继承了皇位，郭威以顾命大臣的身份担任枢密使一职。后来，河中节度使李守贞、永兴节度使赵思绾、凤翔节度使王景崇接连叛乱，刘承祐派人平乱，均以失败告终，最后派郭威前去讨伐，还封他为同中书门下平章事。

郭威作战时勇猛无比，还能够与士兵同甘共苦。他从不将功劳据为己有，而且明察秋毫，有赏有罚。他关心士兵，常亲自探望伤兵。他注重采纳别人的建议，就算有人言辞激烈地批评他，

少年威武，军事起家

郭威，字文仲，原籍邢州尧山。其父郭简被幽州节度使刘仁恭所杀，郭威随母亲前往潞州。其母在路途中不幸辞世，郭威被姨母韩氏抚育成人。

郭威年轻时身体魁梧，勇力过人，脾性直率，喜欢见义勇为。在郭威的家乡，有个屠户横行霸道，气焰嚣张，人们对他很是畏惧，可是郭威却不以为然。他去屠户那里买肉，并借机羞辱他。屠户清楚郭威的本事，本想息事宁人，但最后还是没有压制住怒气。屠户将衣服扒开，露出肚皮，大声说："有能耐你就拿刀子捅我的肚子呀！"郭威果真用刀子捅了他，屠户当场死亡，郭威因此被捕入狱。

军阀李继韬非常欣赏郭威，将其解救出来，收为部下。李继韬败于李存勖之手，郭威继而被编入了后唐部队，成为亲军。此时的郭威精心研读兵法，收敛了往日的脾气，变得沉稳冷静了许多。

刘知远成为后晋侍卫亲军都虞侯时，郭威投

▶（五代）《白石彩绘散乐图》

高82厘米，宽136厘米，浮雕出土于河北省曲阳县王处直墓。该图采用高浮雕手法，表现的是乐队演奏的场面。浮雕形制巨大，刻工精湛，线条流畅舒展，是晚唐五代时期少见的浮雕精品。

〉〉〉后唐河东节度使石敬瑭割燕云十六州给契丹，认比自己小十岁的辽太宗耶律德光为父，自称儿皇帝，建晋国，史称后晋。

他也虚心听取别人的建议，所以将士们都由衷地拥护他。在平乱过程中，郭威接受了部将扈彦珂的计策，率先进攻河中，但他只将敌人围困起来，并不攻城，以求耗尽河中的物资。过了一年，河中的储备物资使用殆尽，叛军军心涣散，无心恋战。这时，郭威就命令大军发起攻击，顺利取胜。李守贞自杀。接着，永兴、凤翔相继被郭威收复，风雨飘摇的后汉政权转危为安。

目光长远，灭汉建周

郭威平乱取得胜利，自然是劳苦功高。刘承祐要给他提升官爵，进行重赏。可是郭威没有接受，他说胜利不是他个人取得的，胜利是因为有

出征的将领和士兵献上策略、奋勇杀敌。皇家宗族、地方部队以及官员都为此役的胜利做出了贡献。刘承祐便依照郭威之言，对众人各行赏赐，使郭威获得了很高的名望。

后来，郭威出任邺都留守、天雄军节度使，同时担任密使，将河北诸州的军权收入手中。此时，不愿忍受顾命大臣束缚的刘承祐想要收回权力。他首先将京城的老臣们杀掉，然后又遣人去地方诛杀郭威等人。郭威听闻京城的惨案，就采用心腹魏仁浦的计策，向众将士假传圣旨，说刘承祐逼迫自己诛杀他们。众人大怒，便拥戴郭威为首领，打起"杀奸臣、清君侧"的旗号，进军国都。刘承祐立即组织军队反抗，同时杀掉了郭威留在京城的所有家人。郭威闻讯后震怒不已。数

日之后，大军攻至都城，刘承祐身死。郭威进入国都后，为了稳定政局，就把李太后请出来料理政事，还假意拥戴宗室刘赟为皇位继承人，并命人前去迎接，但是在半路上将其劫杀。

政局稳定后，郭威率军北上抵御契丹入侵。行至澶州时，军队发动兵变，拥护郭威称帝。郭威返回都城，逼迫太后任命他监国。

广顺元年，即951年，郭威正式登基，建国号周，是为后周，定都开封，郭威即后周太祖。

治理国家，革故鼎新

郭威称帝之后一心治国，并开始对后汉的政策进行改革。

他免除并降低了部分赋税，把曾经的"斗余""称耗""羡余"等税收项目都废除，极大地鼓舞了农民的劳动积极性。他还停止了牛租的征收。朱温讨伐淮南时，收缴的战利品中有耕牛近万头，于是他就将牛分配给农民使用，以此收取租金。可是过了几十年，耕牛都死掉了，农民却仍要缴纳牛租，十分荒唐。因此，郭威的这项措施深得民心。

郭威还发布命令，对于罪犯从宽惩罚。后汉时，偷取一文钱即是死罪，罪行较重者的族人常常受到牵连。但是郭威决定，只有难以饶恕的大罪，如作乱犯上、杀人等，刑罚才会株连族人。这样一来，社会渐趋安定。

除了实施革新措施之外，郭威还厉行节约，以免增加百姓的负担。他在日常起居上都非常朴素，而且明令禁止地方向朝廷进献美食名产。他也严防金玉珍玩等进入宫中，并且毁掉了宫内的奢侈装饰。他还对臣下说："作为一国之君，是不能使用这些东西的。"

在郭威的励精图治下，后周很快就成为当时的强国，这给后来的周世宗成就伟业奠定了良好的基础。

郭威在去世之前，要求实行薄葬，只用纸衣和瓦棺入葬，并命人在墓碑上镌刻这样一句话："大周天子临晏驾，与嗣帝约，缘平生好俭素，只令著瓦棺纸衣葬。若违此言，阴灵不相助！"

在古代帝王之中，能够像郭威这样保持节俭作风的并不多见，他为后世树立了良好的榜样。

◀（宋）白釉羊形摆件
此器为卧羊形，形象逼真，施乳白色釉，釉质肥润细腻，胎体厚重。

〉〉〉南吴齐王徐知诰废吴帝杨溥，自即帝位，国号唐，史称南唐。不久，徐知诰复本姓李，名昇，史称南唐烈祖。

后周世宗柴荣于954年登基，较其前任太祖郭威，大有后来居上之势。在当政的几年间，他兢兢业业，四处征战，政绩极为显著。他努力吹响了中原统一的前奏曲，为北宋结束乱世、一统天下创造了条件。

公元907年~公元979年
五代十国
一代英主周世宗

少年有为，亲征高平

柴荣出生于邢州龙冈，其父柴守礼为郭威妻兄。柴家家道中落，柴荣就到郭威家生活。由于他性情温和，办事得体，很有责任心，郭威十分喜欢他并将他认作养子。

郭威成为后汉的枢密使后，柴荣跟随左右，担任左监门卫大将军，是郭威最信赖的人。郭威于951年年初登基后，任命柴荣为澶州刺使、检校太保，并封其为太原郡侯。柴荣在任上显示出非凡的才干。在他的治理下，澶州一跃成为当时的大城市。此后，他被任命为开封尹，并加封晋王。954年初，柴荣掌握了后周的军权。郭威病重，临终前决定命柴荣于枢前即位。柴荣于是继承了皇位，是为后周世宗。

当时，北汉君主刘崇趁郭威去世，后周举办国丧期间，与契丹联合进攻后周。柴荣御驾亲征，双方的战斗在泽州高平打响。

一开始，后周军队遭遇了麻烦，部分士兵不战而逃。紧急时刻，柴荣披挂上阵，亲临战场，将士们深受鼓舞，不久就扭转了战局，大败北汉、契丹联军。

得胜班师后，柴荣针对此次作战的不足之处，对军队的制度、结构及律法进行了改革。这一改革也为他日后征战各地打下了良好的基础。

励精图治，开创大业

柴荣登基之初，便确定了为期三十年的目标："以十年开拓天下，十年养百姓，十年致太平"。

为了实现这一目标，柴荣在位期间，对国家的多个领域进行了改革，给后周社会的方方面面注入了新的活力。

在经济领域，柴荣尽力减少民众承担的繁重赋役，以便刺激经济增长，充实国库。在他的努力下，后周政权不仅免去了许多捐税，还降低了赋税比例。同时实行以土地为征税标准的政策，避免了各地官僚和地主让平民为其纳税的情况，大大解放了劳动力，增强了人民的劳动积极性。鉴于战乱造成不少人流离失所，柴荣命人将流民集中起来，

▲（后周）观世音像壁画

这幅壁画中的观音面相俊美，有唐画仕女的丰腴之态，身躯略作"S"形，体态窈窕，左手执一莲花，右手似作舞蹈动作，神态安详，风度娴雅。画面线条宛转如行云流水，色彩和谐清丽。

并分给他们耕地。如此一来，不但清除了社会的不安定因素，而且快速解决了农业凋敝的难题，促进了政府财政收入的增长。

柴荣还下令疏通漕运河道，修建水利设施，陆续使胡卢河、五丈河等重要河道恢复了漕运能力，保证了山东、江淮的粮食及商品可以直接运抵都城。

在政治领域，柴荣完善了科举制度，使有识之士能脱颖而出，为国效力，同时也起到了拉拢士人的作用。他以铁腕手段改革政风，对于贪污腐败行为进行严厉处罚，即使有功之臣或皇亲国戚犯了罪，他也毫不姑息。他大幅修改了五代的严苛律法，废除轻易判处死罪的规定，免去凌迟等严酷的刑罚，对罪犯实行相对温和的惩罚手段。后周制定的《大周刑统》是五代时期著名的律法，为后来北宋确立《宋刑统》奠定了基础。

南征北战，一代明君

柴荣的革新政策得到了很好的贯彻和落实，短时间内便取得了显著成效。后周的经济快速增长，国力渐渐强大。

柴荣首先西进，收服了秦州、成州、阶州、凤州。然后挥军南下，进攻南唐，攻取了江北的十几个州，

南唐国君被迫请和。

后周攻唐之役大胜，使得南汉、后蜀两国深感畏惧。

接下来，柴荣统率几万骑兵、步兵，由沧州进发，北攻契丹。

后周军队接连攻克了契丹镇守的瓦桥关、益津关、淤关、宁州等地，这也是五代时期契丹所遭受的最严重的失败。

遗憾的是，柴荣正想把幽州当作下一个进攻目标时，突然生了急病，不得已退兵。返回开封后，柴荣因病逝世。

柴荣少年参军，后来成为大将，三十多岁时成为后周皇帝。他抱负远大，睿智英武，节俭素朴，政绩突出，建立了五代十国时期的强大政权，为北宋一统天下铺就了基石。

可惜，柴荣尚未实现理想便溘然长逝，当初立下的为期三十年的目标也随之烟消云散，最终成为一段令人怅惘的史事。

▶（五代）花釉牛
此摆件为一牛形，形象异常生动，四肢强壮有力，釉呈乳白色，釉面光滑清润。

〉〉〉后蜀赵崇祚收集了当时的词作，编成了我国文学史上最早的词作选集——《花间集》，成为供歌伎伶人演唱的曲子词选本。

公元907年~公元979年
//////////// 五代十国 ////////////
"海龙王"钱镠

五代十国时期，中原地区政权频繁更迭，而南方的吴越政权却维持了很长一段时间。该政权由钱镠于904年建立，到978年才灭亡。钱镠当政时，把大部分心血用在了民生而非兵革之上。他建造水利工程，治理钱塘江，被人称为"海龙王"。在其治下，吴越地区社会稳定，经济发达。比起当时战火纷飞、民生凋敝的其他地区，吴越之地可谓是一方乐土，钱镠也因此在诸位帝王之中显得卓尔不凡。

占据浙江，吴越称王

钱镠，字具美。他早年家境贫寒，以贩卖私盐为生。

875年，浙西王郢反叛朝廷，董昌在乡间募集士兵前去平乱。钱镠应募投军，入伍参加战斗，并取得胜利。没过多长时间，黄巢的部队计划攻打杭州。钱镠先是伏击了对方的先遣队伍，接着用计保护杭州免于战火，得到了董昌的赏识。后来，董昌被任命为杭州刺史，他便将下属县城的部队整编为八部，让钱镠掌管。

882年，越州观察使刘汉宏对董昌发动攻势。钱镠带领八部士兵泅渡钱塘江，袭击刘汉宏之弟刘汉宥，并将其击败。然后，钱镠与刘汉宏在诸暨、萧山交战，取得大胜，并趁势占领了越州。刘汉宏奔逃至台州，不久被抓获并处死。董昌顺理成章地当上了越州观察使，钱镠也成了杭州城的主人。

之后，钱镠不断发展实力。唐昭宗登基之后，任命钱镠为杭州防御使。钱镠一方面进行武力扩张，一方面不断收买人心。

当时，其麾下聚集了很多文武人才，成及就是其中一个，他是钱镠的主将，经常为钱镠出谋划策。钱镠为了让成及一心为自己效力，就跟他做了儿女亲家。

893年，钱镠被提升为镇海军节度使、润州刺史，第二年还被封为同中书门下平章事。又过了一年，董昌在越州称帝，钱镠被朝廷任命为浙江东道招讨使，奉命讨伐董昌。开始，他劝董昌投降朝廷，但遭到回绝。随后，钱镠使用离间计，使对方内耗，最终将董昌军完全击溃，并生俘董昌。

董昌被消灭之后，钱镠就占领了越地。他还凭借军功获得唐朝皇帝的赏赐，被封为越王，后来又成为吴王。如此一来，钱镠成为吴越实际上的统治者，吴越之地成为独立王国。

▼（五代）越窑青瓷托杯

此杯敞口斜壁，托盘花口出棱，下承喇叭口高足，釉色青灰，釉面薄匀透明，釉层细腻光亮。整个杯子制型极为工巧，是越窑中极为少见的佳器，堪称上乘之作。

◎看世界／巴格达大学建立　　　　◎时间／993年　　　　◎关键词／阿拉伯文化中心

兴修水利，钱塘射潮

　　成为一方霸主之后，钱镠开始显露出骄傲自满的情绪，并追求奢华的享受。其父对此很看不惯，常常故意不与之相见。钱镠很不解，就找机会问父亲何故如此。父亲说："我们钱家祖祖辈辈皆以渔耕为生，向来不知奢侈华贵是何滋味。如今你当上了大官，周围已经有很多对手了，这时你却炫耀财富和地位，我担心家里将来会遭到不幸啊。"钱镠马上明白了自己的过错，立即悔改。此后，他便把为百姓谋福利作为自身的主要任务，并取得了显著的功绩，其中最为著名的就是建造水利工程，治理钱塘江。

　　910年夏天，钱镠启动了钱塘江的修筑工程，

▼钱镠、钱俶批牍合卷（局部）
图为钱镠、钱俶批牍合卷的前段局部，是吴越王钱镠给崇吴禅院寺僧嗣匡的牒文，书写于五代后梁龙德二年（922）。

他亲临现场统筹调度。可是潮水猛烈，经久不息，延缓了堤坝的修筑进度。后来，钱镠与军民将粗大的竹竿剖开，造出大型的竹笼，置入巨石，投入钱塘江中，以便缓解潮水的冲击力，保护堤坝的安全。他们还找来巨木，立于江中，这样终于驯服了肆虐的潮水。日子久后，泥沙渐渐在竹笼、巨木周边沉积，又对堤坝起到了进一步的保护作用。

　　钱镠成功治理钱塘江，既保障了民众的生命财产安全，又给当地农业的稳定发展提供了优越的条件，他因此得到了"海龙王"的美誉。

纳贡求和，长据江南

　　钱镠对于吴越的实力有着比较清醒的认识，所以他很少兴起战事进攻其他势力。他选择了称臣于中原政权的策略，尽管中原政权不断更迭，但是不论哪一方上台，他都表示臣服。这样钱镠总能够得到强大的后援，所以在乱世

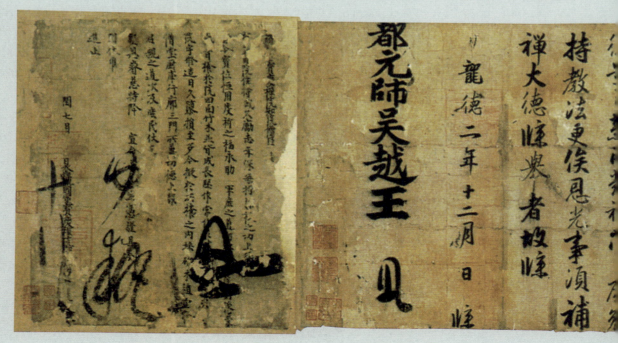

948年

◎看世界／瑞典国王皈依基督教　　◎时间／993年　　◎关键词／俄勒夫·斯库特格隆

▲（辽）穹庐式鹿纹灰陶骨灰罐

辽是统治中国北方的一个契丹族政权，但是在与中原政权的战与和中深受汉族文化的影响。契丹早期的葬俗是风葬，后在汉族葬俗的影响下也逐渐开始实行土葬和火葬，不过在葬具的使用上仍保留着草原文化的一些特点，图中这个穹庐式的骨灰罐就是一个极好的证明。

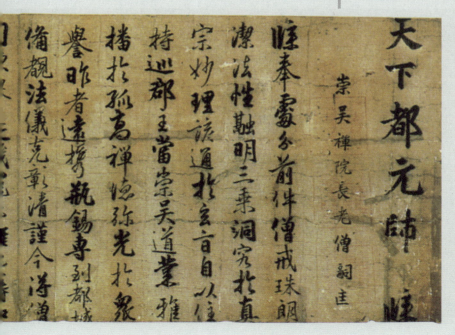

中安然无恙。

朱温建后梁，钱镠便纳贡称臣。朱温封给了他吴越王的爵位及淮南节度使之职。当时，钱镠收到一些希望自己称帝的建议，但他没有采纳。他始终坚持向后梁称臣，缴纳岁贡。后来，因为战乱，吴越无法继续从陆路向后梁纳贡，钱镠就遣使走海路去完成纳贡的义务。

李存勖取代了后梁之后，钱镠仍然遣使前往洛阳纳贡，并希望自己的既有利益得到保障。李存勖经过深思熟虑，决定承认吴越，钱镠的王位也就安稳如山了。

钱镠的这一策略，使吴越成为一片和平宁静的土地。他爱民如子，奖励生产，所以吴越百姓得以安居乐业，社会不断取得进步。这种状况与其他地方战火纷飞、田地荒废、民众逃亡的乱局形成了非常鲜明的对比。

此外，钱镠还非常热爱文学，与诗人罗隐关系要好。他曾作《巡衣锦军制还乡歌》一诗："三节还乡兮挂锦衣，碧天朗朗兮爱日晖。功成道上兮列旌旗，父老远来兮相追随。家山乡眷兮会时稀，今朝设宴兮觥散飞。斗牛无字兮民无欺，吴越一王兮驷马归"。诗中尽管含有骄矜之气，但仍见其文采。

932年，八十一岁的钱镠因病谢世，其子钱元瓘继位。

钱镠在五代十国的乱世之中做了几十年的一方霸主，堪称奇迹。这得益于他采取了利国利民的措施，并一直坚持灵活正确的外交策略。

公元907年~公元979年
/////////// 五代十国 ///////////

词圣李后主

李后主名李煜，是五代十国时的南唐国君。他即位的时候，南唐已对宋称臣。他沉迷于金陵的声色犬马，不理朝政。后来宋兵南下攻破金陵，他便成了俘虏。李煜虽然在政治上昏庸无能，但是却有着非凡的艺术才华。他擅长书画、音律和诗文，尤以词的成就著称。作为婉约词派的开山鼻祖，他享有"词圣"的美誉。被世人传颂的除了他的词之外，还有他和大小周后的爱情故事。

能诗擅词，心疏利禄

李煜"一目重瞳"，所以字重光，初名从嘉。封建制度里有长子继承皇位的规矩，所以李煜作为南唐元宗李璟的第六个儿子，根本没想过皇位会和自己有什么关系。他安心地享受着奢靡的宫廷生活，丝毫不为世俗之事担忧，他可能以为自己会这样过完一生，于是自号"钟隐""莲峰居士"。

李煜在文学方面的天赋很高，能诗擅词，工书善画，通晓音律。此外，他对佛学也很感兴趣。李煜与他的父亲李璟很像，李璟也是文学修养颇高，才华横溢，被人形容为"时时作为歌诗，皆出入风骚"。

李煜少年时过着安逸的生活，对未来的想象也富有浪漫色彩。他曾经这样形容自己的生活，"自出胶库，心疏利禄。被父兄之荫育，乐日月议优游。思追巢许之余尘，远慕夷齐之高义"。

▼（南唐）顾闳中 《韩熙载夜宴图》（局部）
李煜疑心极重，曾派宫廷画家暗中窥视朝中高官韩熙载的活动，并将其绘下。这幅《韩熙载夜宴图》就以长卷的方式描摹了韩家开宴行乐的场景。

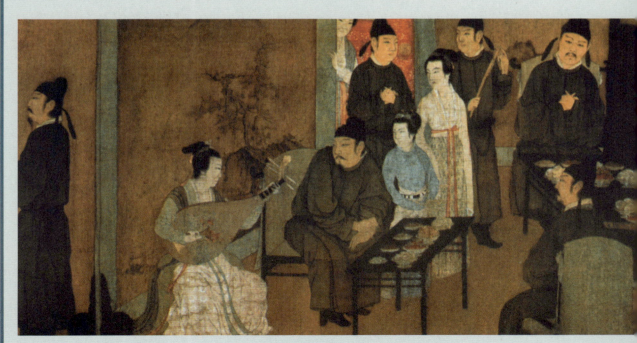

外示恭俭，内怀观望

不料，李煜的五个哥哥要么早故，要么因争夺皇位性命不保，最后南唐只剩下他这一个皇位继承人了。他别无选择，只得于961年在金陵登基。

当时，宋朝国力渐盛，一统天下的野心蠢蠢欲动，李煜一即位就面临严重的外患。他根本没有治国之略，索性眼不见为净，躲到文学的世界里寻求解脱去了。

李煜是一个虔诚的佛教徒，每天应付完上朝的事情，就拉上皇后等人，着僧服，诵经书，专心拜佛。但他的这一爱好逐渐成为百姓的灾难：朝廷把大量的人力、物力花在修建寺院上，加重了百姓负担，并且当时僧人犯下罪行后只需要诵几句佛经就没事了，这使得僧侣对百姓的侵害越来越严重。宋太祖赵匡胤掌握了这些情况后，派出一个口才了得的少年去找李煜辩论佛法，让李煜

▲（五代）文殊变（部分）

存于五代敦煌莫高窟内。文殊菩萨是释迦牟尼佛的近侍，是佛国世界专习智慧的菩萨。莫高窟现存初唐至元代的文殊变共计一百三十二幅，与莫高窟相邻的榆林窟、东千佛洞亦有文殊变画。图中菩萨束高髻，带宝冠，持鲜花供养，面部比较宽短，敷色淡薄，润泽而明快，线条粗壮有力，反映了五代时期人物造型的特点。

更加迷恋佛教，再也顾不上治理国家了。

其实，李煜心里还是很清楚宋朝的野心，但他对此也无能为力。于是，他"外示恭俭，内怀观

望"，努力想与宋朝维持良好的关系。但实际上，这种态度最终只会使国家走向灭亡。

亡国之前，他一直躲在莺歌燕舞的世界里尽享欢乐。他身边有许多漂亮的女子，为了争宠，她们使出了浑身解数，窅娘便是其中之一。这个宫女用丝帛把自己的脚缠紧，立起足尖跳舞，舞姿优美，可谓是"凌波妙舞"，她由此得到了李煜的宠幸。

执子之手，与子偕老

李煜的皇后小名叫娥皇，是一代美人，也很有才华，因为她的妹妹后来也成了李煜的皇后，所以姐妹二人分别被称为"大周后""小周后"。大周后"通书史，善音律，尤工琵琶"，精通几乎所有闲情雅致的门道。传说她和李煜一起修复了《霓裳羽衣曲》的残谱，使其重现光彩。大周后给李煜带来了数不尽的好花好景和享不尽的温柔缱绻，李煜幸福地沉沦其中。

然而，"大凡好物不坚牢，彩云易散琉璃脆"，大周后后来病死了。李煜伤心欲绝，出席葬礼时，他形容憔悴，并写下哀戚感人的诔文："昔我新婚，燕尔情好。媒无劳辞，筮无违报。归妹邀终，咸爻协兆。俯仰同心，绸缪是道。执子之手，与子偕老。今也如何，不终往告。呜呼哀哉……"大周后死后不久，他就册封大周后之妹为皇后，史称小周后。

不幸亡故国，有幸成词宗

然而，世上并没有真正的桃花源。很快，宋兵南下，金陵失守，偏安一隅的南唐王朝由此终结，李煜也失去了人身自由，成了俘虏。

在被软禁的日子里，李煜被无尽的屈辱、痛苦包围着。生活境况的变化也反映在了他的文学作品中。亡国前，李煜的作品多是反映宫廷生活和男女之爱的靡靡之词，虽然语言华美，但视角狭窄，价值不高。亡国之后，他的词作上升到新的意境，悲壮深沉，语言哀婉凄绝，用情真挚，达到了艺术的高峰。

李煜最脍炙人口的一首词是《虞美人》："春花秋月何时了，往事知多少。小楼昨夜又东风，故国不堪回首月明中。雕栏玉砌应犹在，只是朱颜改。问君能有几多愁，恰似一江春水向东流。"该词语调凄婉，结构自然流畅，字里行间均见一个愁字。结尾一句"问君能有几多愁，恰似一江春水向东流"更是形象生动，把看不见的愁绪转换成水的形象，成为古今传唱的佳句。

然而"祸从笔下生"，这首词为李煜招来了杀身之祸，宋朝皇帝赵光义看到这首词后大怒，遂赐下一杯毒酒，结束了李煜的生命。王国维的《人间词话》这样评价李煜："词至李后主而眼界始大，感慨遂深，遂变伶工之词而为士大夫之词"，并称赞："李重光之词，神秀也。"李煜真可谓是不幸亡故国，有幸成词宗"。

▶（五代）千手千眼观音绢画
虽然全画残损严重，但千手千眼观音像仍然完整。全画工笔重彩，观音美丽端庄，色彩艳丽，表现了高超的绘画技法。

少年读全景中华上下五千年 5

———— 宋元更替 ————

北宋王朝///积贫积弱的时代

公 元 9 6 0 年 ～ 公 元 1 1 2 7 年

后周第三代皇帝即位时年纪很小,于是手握兵权的禁军最高统帅赵匡胤发动了兵变,兵不血刃就成功登上了皇位,实现了朝代的变更,这就是"陈桥兵变,黄袍加身"的故事。赵匡胤在开封登基,改国号为宋,结束了唐朝末期以来的混乱局面,推动了中国的统一。

将门虎子,志向远大

927年,洛阳夹马营的一个军人世家里,一位将要改变中国历史进程的人物诞生了,他就是赵匡胤。

赵匡胤出生于军人世家,他的父亲赵弘殷原来是一位赫赫有名的战将,曾任护圣都指挥使、检校司徒等。受家庭影响,赵匡胤从小就喜爱武术,练就了一身好功夫。娶妻之后,他决心干一番大事业,于是毅然告别家人,闯荡四方。

当时社会非常动荡,藩镇割据,战乱频繁。自907年朱温建立后梁之后五十多年的时间里,整个中国陷入了军阀混战之中,每个军阀只要手上有足够强大的兵力,就不惜代价地想要称帝,因此各种短命的政权走马灯似地更

公元960年~公元1127年
////////////北宋王朝////////////
赵匡胤黄袍加身

▼（宋）定窑瓜棱形龙首注壶
该器现藏于台北故宫博物院。整个壶器身呈八瓣形,器盖饰以瓜蒂钮,前身有龙首形流,后有把手,造型规整讲究。定窑是宋代五大名窑之首,其窑址在今河北省曲阳县涧磁村及燕山村一带,因瓷质精良,色泽淡雅,纹饰秀美,被宋朝政府选为宫廷用瓷。

替。连年的战乱苦了普通百姓，一个稳定的社会环境都没有，哪还谈得上什么安居乐业呢？当然，乱世出英雄，混乱的时局也给了赵匡胤飞黄腾达的机会。

告别家乡后，赵匡胤先在南方颠沛流离了两年，一无所获，于是他决定北上，到战火纷飞的北方去寻找机会。经人指点，他决定前往邺都。当时的后汉枢密使郭威正在招募军队，身手不错的赵匡胤就入伍成为军队里普通的一员，这也成了他人生的重要转折点。

南征北讨，培植亲信

951年，郭威发动政变，改汉为周，是为周太祖。他提拔了在政变中表现出色的赵匡胤，让他在皇宫禁卫军里当了个小官。开封府尹柴荣是郭威的养子，后来赵匡胤又得到他的赏识并投至他的麾下。郭威去世后，柴荣继承了皇位，即周世宗。

周世宗具有统一天下的雄心，并且治国有方，是一代明君。他很器重赵匡胤，为他提供了施展才华的空间。

954年春，郭威去世后不久，北汉企图乘虚而入，派兵来攻打后周。世宗亲自率军迎战，赵匡胤随行。两军在高平开战。一番激烈的对抗过后，后周的一支军队产生了畏难情绪，竟然从战场上溜走了。见此情景，北汉军队士气高涨，一时间杀得昏天暗地，后周军队渐渐露出败象。当时，后周的前线部队只有四千名禁军，赵匡胤和张永德是统帅，情况非常危险。赵匡胤却临危不乱，及时拿出了作战方案：把四千名战士分成两部分，一部分由张永德率领，负责不惜一切代价占领制高点，把敌军的攻势压住，他自己则带上另外一部分，从敌军左侧插入，把敌军夹在中间。很快，北汉军队的气焰被打压了下去。这时，后周的援军赶到，

▲（北宋）白地黑花瓷梅瓶

该器瓶身饰有黑花缠枝花卉，花瓣肥硕，花叶细长，图案自然奔放，是北宋磁州窑梅瓶的典型作品。

◎看世界/德国与波兰开战　　　　◎时间/1004年　　　　◎关键词/亨利二世

扭转了战局，赢得了战争的胜利。

赵匡胤在战争中的表现让周世宗很是欣赏，于是便提拔他当了禁军的高级将领，还给他布置了整顿禁军的任务。赵匡胤奉旨行事，充分发挥自己的军事才能，精选强将，筛除弱兵，严肃军纪，大大提高了军队的战斗力。同时，目光长远的赵匡胤没有忘记利用职务之便给自己创造条件。他一方面大力培植自己的亲信，把很多基层将领的职位安排给他们，另一方面努力与军衔差不多的同僚搞好关系。通过种种努力，他很快就编织出了一张以他为中心的关系网。

为了实现统一大业，周世宗开始一步步实施消灭藩镇的计划。赵匡胤在这一过程中立下了显赫的战功，让世宗很是欣喜，又封他当了忠武军节度使。

经过数年准备，赵匡胤几乎具备了发动政变的所有条件：结识了大批文人武将，自己又功名显赫，声名在外，可以说是万事俱备只欠东风了。

这时，上天又赐给了赵匡胤一个绝好的机会，使他得以夺取皇位。

陈桥兵变，黄袍加身

959年，周世宗逝世，七岁的幼主继位。年幼的皇帝让国内人心惶惶，赵匡胤抓住时机，悄然制造了一场谋划已久的兵变。

960年正月，北汉联合契丹攻打后周，赵匡胤率领军队应战。离开开封之后的当晚，军队在陈桥驿安顿下来。此时，赵匡胤的亲信开始煽动将士们的情绪，大肆宣扬幼主如何无知，说为这样的君王奋战沙场不值得，还不如拥戴才能出众的赵匡胤做皇帝，共享富贵。与此同时，赵匡胤的

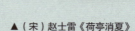

▲（宋）赵士雷《荷亭消夏》

该画是一幅青绿染色的界面。构图远近分明，亭阁于方寸之间，角连拱接而不杂乱。近石磊落雄壮，林木叶密茂盛，沙汀湖渚天高水阔，芦草迎风而动。一文士策杖前行于园中石板路上，其身后小童抱琴随行。一妇人正备酒食，等候文士的到来。亭后老树下，一童子正采摘果品，另一童子抱筐在下接应。亭右两棵碧柳覆盖了层层荷叶，亭后直通长廊，于转角处露出一雅致静室，是画中主人僻静所在。作者赵士雷，宋代画家，善画湖塘小景，驰誉一时。

一个亲信悄悄回到开封，联络其他将领，商量打开城门迎接返城军队的具体事宜。

一切准备就绪。第二天清晨，被煽动起来的将士们聚集在赵匡胤的帐篷门口，一看见他出现，就齐声高呼："诸将无主，愿策点检（赵匡胤当时的官职）为天子！"接着，众人不由分说地驾着他进了厅堂，把事先准备好的一件黄袍披在了他的身上，然后将士们跪在地上高呼"万岁"。

赵匡胤故意推辞了一会儿，最后还是接受了，并马上率军返城，迫使幼主退位。

之后，他换上梦寐以求的龙袍，在臣子的恭贺声中登基称帝，改国号为"宋"，定都开封，赵匡胤即宋太祖。

就这样，赵匡胤凭借自己出色的才能，从普通士兵升到高级将领，然后步步为营，最后竟以和平方式登上了皇位，建立了一个辉煌的王朝——宋朝。

963年

赵匡胤是个善于总结历史经验的人。他清楚自己能够顺利登上皇位的关键在于手握兵权，因此他称帝后，便开始想尽办法来避免历史重演，由此还引出了一段"杯酒释兵权"的故事。可以说赵匡胤的手法极其高明，借助几杯美酒，既解决了自己的忧患，又保住了美名，因此这段佳话一直流传至今。

公元960年~公元1127年
//////////北宋王朝//////////
杯酒释兵权

平定叛乱，坐立不安

赵匡胤登基后，仍有一些手握兵权的后周将领拒绝臣服于他。他们蠢蠢欲动，企图夺取赵匡胤手里的皇位，李筠和李重进就是其中的两个。

李筠位高权重，曾在潞州、泽州等地驻军防守，周世宗生前对他敬重有加。赵匡胤称帝后，想用官位来讨好他，于是派出使节赐封他为中书令。可李筠完全不把赵匡胤放在眼里，甚至拒绝接见使节。幕僚好说歹说，他才毫不情愿地出来接待。为了表示自己的心意，他故意当着使节的面挂出一幅周太祖的画像，还对着画像号啕大哭。后来，北汉皇帝刘钧知道了这件事，便撺掇他起兵反宋，并承诺自己会出兵相助。李筠听信了他的话，打算起兵反宋，但其长子李守节却坚决反对。

宋太祖为了摸清李筠父子的真实想法，便封李守节当了皇城使，还亲自召见他。一

见面，宋太祖就称李守节为"太子"，李守节一听，吓得魂飞魄散，马上跪地叩头为自己辩解。宋太祖打算宽大处理这件事，好让那些仍在为自己效力的前朝老臣安心，于是交代李守节回家劝阻其父亲，还承诺只要他答应不起兵就不追究责任。

不料，李筠并不领情，率兵直奔京城，但遭到了大将石守信、高怀德等人的有力反击。而此时的刘钧也把当初的诺言置之脑后，只是隔岸观火，让李筠孤军奋战。

宋太祖亲自出战，攻下泽州城池，李筠溃败，落得个投火自焚的下场。李守节无力抗击，举城投降，至此，李筠之乱告一段落。

知道李筠要起兵反宋时，远在南方的李重进是最高兴的人，因为他早就对宋太祖心怀怨恨。当初周世宗早逝，七岁的小皇帝没有主持政务的能力，而赵匡胤已经基本完成了政变的前期准备。为了把障碍清扫得更加彻底，他利用手中的大权，把李重进贬出京城。因此，当知道李筠要反宋后，李重进马上派一个

▶ （北宋）木雕髹漆供养人像
佛教徒以香花、明灯、饮食等资养三宝（佛、法、僧）的行为称为供养，并分财供养、法供养两种。出资供给香花、饮食等物资称为财供养；修行、利益众生叫法供养。此供养人应为出资修茜泾塔的施主，由于他出资捐物，故有资格塑其人像，伴佛左右。

▶（北宋）耀州窑青瓷盒
盒顶呈弧拱形，底胫内敛，圈足外侈。顶刻牡丹，布局对称，饰面饱满，纹饰宽舒，走刀流畅圆润，形制规范周正。胎薄质坚，釉面光洁匀静，色泽青幽，呈半透明状，十分淡雅。

叫翟守珣的幕僚去找李筠商量，打算对宋朝展开南北夹击。谁知这个翟守珣很懂得明哲保身，他暗中向宋太祖报告了此事。宋朝兵力虽雄厚，但应付南北夹击毕竟吃力，于是宋太祖安排他回到李重进身边尽力拖延时间，阻止二李同时行动。翟守珣照办了，他在李重进面前大说李筠的坏话，劝他不要和这样的人联手，先看看局势怎样再说。李重进听信了他的话，错过了起兵的好时机。后来他单独起兵，没坚持到五十天就被打败了，无奈之下选择了自尽。至此，李重进之乱也告一段落。

宋太祖虽然打败了二李，但心里留下了个疙瘩。虽然大部分武将和节度使都没有参加兵变，但他们手握重兵，始终是隐患。该如何消除这些威胁呢？他期盼着谋臣赵普能提出有用的建议。

杯酒释兵权，皆大欢喜

赵普是赵匡胤身边最重要的一位谋臣。赵普建议宋太祖削弱禁军将帅的实权，"稍夺其权，制其钱谷，收其精兵"。这样一来，首先要面对的就是禁军将领石守信、王审琦这些人。他们虽然是宋朝的开国大将，对赵匡胤忠心耿耿，但为了维护统治，赵匡胤别无选择。

一天，退朝之后，赵匡胤邀请石守信等人喝酒吃饭。酒喝得差不多了，大家都有了点醉意，这时赵匡胤吩咐侍从退下，举起一杯酒要敬其他人："没有你们，就没有我的今天。以前只听说做皇帝好，现在当了皇帝才晓得有那么多难处，还不如当个节度使舒服呢。"一席话把石守信等人都说糊涂了。赵匡胤长叹一口气，接着说："在座的都是兄弟，不瞒你们说，我已经一年没有安安稳稳地睡上一

▲（北宋）定窑兽耳瓦纹簋
该器造型仿自西周青铜簋，器身饰以瓦纹，高圈足部饰以垂鳞纹。除口沿及圈足外，通体施釉，釉色白中泛黄。圈足内有一小块漏釉露出瓷胎，其上墨书"仲和珍玩"四字，并有"王镛"篆印一方。

965年

〉〉〉宋大将王全斌率军打败后蜀主将王昭远并将其生擒，杀蜀兵一万多人。不久，蜀主孟昶投降，后蜀灭亡。

觉了。"石守信惊呼道："陛下您为什么要这么说？现在天下已定，您还有什么可担心的呢？"赵匡胤别有深意地说："我当然相信你们，但我担心你们的部下里有想要荣华富贵的，把黄袍加在你们身上，恐怕到时候你们就身不由己了。"石守信等人听了连忙下跪，请求赵匡胤指点一条明路。赵匡胤不缓不急地说："人生苦短，要懂得及时享乐呀，要再多的荣华富贵也不过是为了有吃有喝，造福子孙。你们不如交还兵权，做点闲差，置些家业，安享晚年。君臣之间亲密无间，这样不是更好吗？"石守信等人都很识时务，第二天上朝时就各自呈上一份奏折，以年老体衰为由请求辞官养老。赵匡胤非常满意，当场就批准了，还封了他们一些没有实权的官职，赏赐了丰厚的财物。

解决完禁军将帅的兵权问题后，赵匡胤故伎重施，邀请几位手握兵权的节度使赴宴。他委婉地说道："你们都为国家立过大功，一辈子驰骋战场，现在还兢兢业业地保卫边疆，是我这个当皇帝的失职，没有让你们过上好日子啊。"聪明的节度使王彦超听出了赵匡胤的话外音，马上答道："微臣本来没有什么功劳，承蒙陛下宠幸。现在臣只剩下一把没用的老骨头，只希望能回乡养老，过些粗茶淡饭的日子。"其他几位节度使也心知肚明，但他们以自

己曾经立下的战功为筹码，不想照着太祖的意思说话，只是各自讲述征战的艰难辛苦。赵匡胤见状，冷冰冰地说了句："都是前朝旧事了，不值得再提。"第二天，赵匡胤不管他们什么反应，一概解除他们的兵权。

就这样，宋太祖通过几杯酒就轻松解除了大将们的兵权，促成了皇帝安心为政、大臣安享富贵的双赢局面，因此"杯酒释兵权"成为后人传颂的佳话。不过，太祖过分削减兵权，也为宋朝后来国防薄弱，陷入积贫积弱的困局埋下了祸根。

▼（北宋）龙形提梁蟠螭纹铜

圆口，鼓腹，下面是三个兽蹄状的足。铜盉顶部是一兽头，提梁是半环形的龙，腹部饰有高浮雕的蟠螭纹和绳索界纹，造型十分生动。

◎看世界／越南李朝建立　　　　◎时间／1009年　　　　◎关键词／李公蕴

赵匡胤去世后，他的弟弟赵光义，即宋太宗继位，这背离了中国封建礼制中嫡长子继承父位的传统。赵匡胤为何要把皇位传给弟弟呢？是为了满足母亲遗愿，还是赵光义弑兄夺权？关于这一点历史上说法众多，其中最著名的是"金匮之盟"和"烛影斧声"。

公元960年~公元1127年 北宋王朝

金匮之盟和烛影斧声

金匮之盟，兄终弟及

金匮之盟的故事里有个关键人物，就是宋太祖的母亲杜太后。

据《宋史·后妃传》记载，961年，杜太后病危，临终前把赵普叫到跟前来，当着他的面问太祖："你告诉我，这天下你是怎么得来的？"太祖先是一愣，接着哽咽着不说话。杜太后再三逼问，他才恭敬地答道："是祖宗和母亲积下的德让我得了天下啊。"杜太后正色说道："并非如此，要是周世宗没有过早去世，要是继位的是一位成年的皇帝，你还有得天下的机会吗？所以，等你去世后，要把皇位传给你的弟弟。咱们的国家那么大，要处理的事情也很多，有一个成熟的皇帝才是百姓之福。"太祖痛哭，叩头回答："我知道了，一定遵从您的教

海。"杜太后又转头对赵普说："你也要记住这些话，一定要听我的。"接着命令他在床前立誓并写下誓书，落款是"臣普书"。然后杜太后用一只黄金箱子（金匮）把它装起来，并派人严密地看守。这个故事在司马光的《涑水纪闻》、李焘的《续资治通鉴长编》等史料中也有类似的记载。

976年，宋太祖去世，其弟赵光义继承皇位，是为宋太宗，但故事里的那份誓书却从没有真正出现过。因为这个原因，不少人对"金匮之盟"的故事存有疑问。

首先，杜太后临终时，宋太祖身强体壮，其儿子德昭已经十几岁，而赵光义也不过二十多岁。这种情况下，杜太后怎么会预测到太祖早故，从而担心幼主继位重演后周的悲剧呢？其次，要是"金匮之盟"真的存在，为什么赵光义没有马上

▶ （北宋）官窑粉青鬲式炉

宋官窑系宋代五大名窑之一，是中国瓷器历史上第一个真正意义上的官廷御用窑。此物为宋官窑粉青鬲式炉，纹片纵横交织，莹润如羊脂一般，三处出筋处和三足底"紫口铁足"特征突出，其稳重淡雅之美彰显了帝王的品位。

◎看世界／丹麦王兼任英格兰王　　　　◎时间／1016年　　　　◎关键词／卡纽特

取出誓书公告天下，理直气壮地登基，而是等到太祖过世六年后才由赵普公布？

第三，为什么赵光义不把誓书全文公开，而只是说了点大概内容，而且前后说法还有出入？

这些都是"金匮之盟"的故事说不通的地方。

烛影斧声，千古之谜

关于兄终弟及的原因，还有一种普遍的看法是赵光义弑兄篡位，也就是"烛影斧声"的故事。宋朝一部史料笔记《续湘山野录》里有相关的记载。

据说宋太祖去世的当晚，京城突然下起大雪，太祖叫来弟弟赵光义，兄弟俩在寝宫里一起喝酒直到深夜。喝完酒后宋太祖有点不舒服，就先躺下休息，赵光义让侍从们退下，主动承担起照顾太祖的责任。外人只能远远地看到屋里烛影晃动，随后听到宋太祖念叨着"好为之，好为之（好好去做）"，还有玉斧落在地上的声音。当晚，赵光义在宫中留宿，天快亮时便传出了皇帝驾崩的消息。人们怀疑这是赵光义的阴谋，因为照规矩，他是不能在宫中留宿的，加上奇怪的烛影、斧声，还有那句"好为之，好为之"，实在可疑。

但司马光在《涑水纪闻》里的记载则为赵光义开脱了弑兄的罪名。他在书中这样记载，宋太祖去世的消息传出时，天已经快亮了，皇后赶紧派大内侍卫王继恩去把儿子赵德芳叫来。王继恩以为太祖肯定是要传位给弟弟的，就直奔开封府找了赵光义。听了这个消息，赵光义非常惊讶，犹豫了很久，说："吾当与家人议之。"后来在王继恩的反复催促下，赵光义才踏雪进宫。这样看来，宋太祖驾崩时赵光义并没有在现场。

不过这种说法还是有令人生疑的地方。皇后的命令是召见儿子赵德芳，王继恩却擅自把赵光

▲（北宋）耀州窑青釉剔花倒装壶

此壶整体呈梨状，上部作双蒂式假壶盖，系虚设，不能打开。顶端与腹一侧作飞凤式提梁，凤首指向的另一侧贴塑母子狮。母狮张口作壶流，子狮在母狮腹下吸吮，造型生动、逼真。肩腹之间装饰乳钉纹、垂三角纹各一周。

义领入宫来。皇后听到王继恩回来了，就问德芳是否来了，得知来的是赵光义，她先是"愕然"，接着反应过来，对赵光义以皇帝相称："吾母子之命，皆托于官家（皇帝）。"还有，按照惯例，新君继位以后第二年才能改用新年号，赵光义继位时，旧年只剩下两个月就结束了，但他还是急匆匆地把年号改成了太平兴国元年。

世人把这种种不寻常的迹象前后联系起来，很容易推断出宋太宗的继位是有阴谋的，宋太祖很可能是在一场争权斗争中被谋杀的。

宋太宗即位后，于978年和979年先后收复吴越，消灭北汉，接着开始征战北方。他两次出征辽国，想收复燕云十六州，但都遭到重创。名将杨业也在986年第二次伐辽时战死沙场。无奈之下，宋太宗选择了对辽采取守势。

公元960年～公元1127年
/////////// 北宋王朝 ///////////
宋太宗赵光义

"死穴"燕云十六州

宋太宗赵光义即位后，致力于实现国家统一，并取得了一些成绩：978年，平定吴越之地；979年，灭亡北汉。宋太宗打算趁着这股胜利的势头，一口气收复之前被占领的燕云十六州。

燕云十六州地理位置优越，处于中原的东北方，这里面积广阔，大概有十万多平方千米，经济发达，土地肥沃，人丁兴旺。它的军事意义重大，辖区内有很多要塞和天然屏障，是当时东北和北部地区最为关键的战略要地。如果能够收复这一地区，宋王朝就可以有效地解决北方的

▶（北宋）青釉熏炉

由半球形子母口盖与腹体扣合组成，近乎球状，以外撇的圈足承托，器形浑厚端庄。通体施莹润的青绿色釉，炉盖与炉体分别作镂空、浮雕装饰；枝蔓盘绕的十七朵三叶花满饰盖面，精致剔透；炉盖边缘划双弦纹两组，间以四组仰覆兰花纹；腹体上部划弦纹五道，下接浮雕重瓣莲花。熏炉盖面的镂空装饰是根据实用功能的需要而设计的，便于炉内燃烧的香料的香气溢出。

边防危机，减轻外患。

事实上，宋太宗之前的好几位皇帝都致力于北伐。959年，周世宗亲自率领几万精兵出征，决心抢回燕云十六州，但天有不测风云，正在军队准备展开攻势时，世宗突然生重病，只能无奈地率兵返回京师。

到了宋太祖赵匡胤时，他为收复燕云十六州所做的准备就更加充足了。他制定"先南后北"的战略方针，就是为了积蓄足够的力量一举拿下燕云十六州。他还设立了一个叫"封桩库"的机构，专门管理每年从国家财政收入里按一定比例拨出的用于收复燕云十六州的专项资金，并亲力亲为，自己直接负责。但他没等到梦想实现的那一天就辞世了。

宋太宗消灭了北汉后，被连续几场战争的胜利冲昏了头脑，草率发动了两场对辽国的战争，声势浩大，却都以失败告终。

第一次是高粱河之战，宋太宗为了尽早实现统一大业，派出军队南征北战，时间一长，物资方面捉襟见肘，将士们也都疲惫不堪。

但一心求胜的宋太宗根本不把这些放在心上，他斗志昂扬，对旁人的劝阻置若罔闻，亲自率兵出征辽国。刚开始，他尝到了一点甜头，攻占了几个州，很快来到幽州城下。

然而，幽州城城墙坚固，宋军在城外攻打了很久也进不去，

976年

〉〉〉宋书院大兴，岳麓书院建立，成为当时的著名书院。

▲（宋）舂米彩绘砖雕

青灰色的砖上雕刻的画面施有彩绘。砖雕一个舂米房，里面有两个妇人在舂米。画面洋溢着生活气息，精美而有特色。

反而损兵折将，实力大减。之后，辽国的军队打开城门出来迎战，两军在高粱河展开了激战。最后，宋军溃败，将士四散逃命。这一战让宋军元气大伤。

高粱河之战是宋辽两国主力军第一次正面对抗，大胜的辽军从此经常进攻宋军，让宋太宗十分烦恼。

后来，辽国萧太后和臣子韩德让的风流韵事传到了北宋，于是有大臣建议太宗出兵，理由是现在契丹幼主即位，掌政的太后和汉臣韩德让厮混，辽国百姓肯定对这些伤风败俗的人非常厌恶，人心不稳，趁这个机会出兵胜算很大。太宗听了觉得很有道理，于是再次发兵征讨辽国。

可惜，他没有仔细去了解敌方的情况，犯下了兵家大忌。事实上，萧太后励精图治，才能出众，备受百姓拥护。相比之下，她与韩德让的事情根本不值一提。

面对劲敌，太宗的这次北伐再次以失败收场。从那以后，宋朝开始对辽国采取守势。

无法摆脱的阴影

作为太祖的弟弟，赵光义本来是没有资格继承皇位的，但借助扑朔迷离的"金匮之盟"，他登上了宝座。既然有兄终弟及的遗诏，他在选择自己的继承人时也必须遵守，这就意味他不能把皇位传给儿子，这是他不愿看到的结果。赵德昭和赵德芳是先帝的儿子，赵廷美是自己的弟弟，他们都是自己实现皇位传子的障碍，因此，赵光义要不惜一切代价去铲除他们。

赵光义第一个除掉的是赵德昭。有一次，赵德昭随他一起去攻打幽州。一天晚上，宋军遭遇了突袭，营中一片混乱，却看不到太宗的身影。大敌当前，皇帝却失踪了，这是很危险的，于是，很多将军想要拥立赵德昭为帝。过了一会儿，太宗出现了，知道将军们刚才的意图后很不快。吃了败仗回到京师后，太宗反悔不给将士们发放打败北汉的赏银。赵德昭出头为将士们说话，更加重了太宗的不满，他别有用意地说："要行赏？等你当了皇帝也不晚。"赵德昭本来就因为身份特殊而处境微妙，一听这话，马上明白太宗对他起了疑心，以后的日子怕是不得安生了。他满腹愁绪却无处发泄，一时想不开，索性寻了短见。

两年之后，赵德芳又莫名其妙地去世了。很快，又有人向太宗告发秦王赵廷美密谋造反，太宗便开始不断地迫害他，最后，赵廷美也去世了。

就这样，障碍被陆续清除了。

清除了障碍，太宗就开始挑选接班人。他最中意的是长子元佐，但元佐心地善良，看不惯父亲对叔叔廷美的迫害，想过很多办法解救赵廷美，却收效甚微。赵廷美被迫害致死后，他积郁成疾，最后居然癫狂了，时常挥舞刀棒打伤别人，还放火把宫院烧了。太宗大怒，取消了他所有的官爵，将他贬为平民。接着，太宗把次子元佑的名字改成元僖，封他当开封府尹兼侍中，将他当作皇位继承人培养。不料元僖却突然去世了。最后，太宗只能把襄王元侃的名字改成恒，立为太子。元侃后来顺利继承皇位，是为宋真宗。

太宗虽然在军事上屡遭失败，但在处理国家内政方面还是很优秀的。他生活简朴，反对骄奢浪费；努力改善官制，使之更加合理；致力于农业发展，保障百姓的衣食温饱；扩大科举考试的录取比例，选拔大量人才，加强统治。当然，在处理皇位继承人的问题时，太宗因为迫害弟弟、侄子而遭到了后人的诟病。他的手段虽然不光彩，但从中还是可以看出他政治手腕的高明。

◀（宋）哥窑青釉鱼耳炉

高9厘米，口径11.8厘米，足径9.6厘米。此炉造型仿商周青铜礼器簋，"S"形轮廓线上收下丰，勾勒出端庄饱满的体态，两侧对称置鱼形耳，下承圈足。炉的外观古朴典雅，通体施青灰色釉，釉面密布交织如网的"金丝铁线"片纹，使素净的釉面富于韵律美。鱼耳彝炉是宋代哥窑瓷器中的名品，元、明时虽有仿品传世，但均无法企及原作。

◎看世界／博莱斯瓦夫加冕　　　　　◎时间／1025年　　　　　◎关键词／波兰国王

公元960年~公元1127年

//////////北宋王朝//////////

赵普"半部《论语》治天下"

赵普是宋朝的名臣，他为赵匡胤建立宋朝立下了汗马功劳，最后官至宰相。他为人低调，一直在幕后为太祖效劳，在分散地方权力、加强中央集权方面参与并提出了许多重要建议，不但帮助赵匡胤为宋朝的长治久安打下了良好的基础，还影响了整个宋朝的治国方略。

滁州遇主，幕后高手

赵普字则平，幽州蓟县人，先后在常州、洛阳和滁州生活过。赵匡胤就是在滁州发现了他。当时赵匡胤正在攻打南唐，到达滁州时碰到了难题。滁州四面都是山，易守不易攻，要是采用强攻的办法，军队损失将难以估计。赵匡胤绞尽脑汁想要出奇兵战胜敌人，得知赵普在当地很有名，便去向他请教。赵普果然没有让他失望，他建议赵匡胤从清流山后面的一条弯曲的水道进入滁州城。南唐的官兵肯不知道那条水路，现在是枯水期，河面上还不能划船，但就在这几天水位会上升，到时候大部队就可以划船攻进去，打他个出其不意。赵匡胤采纳了他的建议，把军队分成两部，趁着汛期分别从水陆两条路攻打滁州，取得了胜利。赵匡胤因此很赏识赵普，把他纳入自己的麾下，凡事都听取他的意见。赵普也不负众望，充分发挥自己的才华，成为赵匡

胤政治生涯中的重要人物。

赵普几乎参与了赵匡胤政治生涯中的每一次重大事件：陈桥兵变、平定二李叛乱、消减藩镇权力等等。他用自己出色的政治才华为赵匡胤一路保驾护航。在他"稍夺其权、制其钱粮、收其精兵"的提议下，太祖巧妙地"杯酒释兵权"，并在此基础上建立起系统的官制，让军、政、财、文分属不同的职能部门，从而达到分散地方权力、实现中央集权的目的，实现了宋朝的兴盛，也为后世树立了楷模。

国内政局稳定下来之后，太祖把精力放在了

▼（宋）哥窑蟾蜍砚

瓷质，全器布满黑色或黄色开片，砚堂及圈足无釉，胎骨呈黑色，全砚作蟾蜍伏卧状，周缘上方凸出，仿佛双眼，两侧似足，砚堂作圆形，色近赭黑，墨池作弦月形，砚背有圈足一道，露瓷胎，紫黑色。

◎看世界／康拉德二世加冕　　　　　　◎时间／1026年　　　　　　◎关键词／法兰克尼亚王朝

▲（宋）推磨彩绘砖雕

青灰色的砖上雕刻的画面施有彩绘。砖雕一个磨坊，里面有两个妇人在用力推磨，墙上还挂有箩筐、簸箕等物。画面生动真实，是研究宋代民俗和农业的重要资料。

统一天下的计划上，于是便有了"雪夜决策"的典故。传说赵普的妻子厨艺极好，太祖兄弟俩特别爱吃她做的一种烤肉。一个下着雪的晚上，他们去赵普家吃饭，三人一起坐在暖烘烘的屋子里品尝香气四溢的烤肉，完全没有君臣之间的拘谨，像朋友聚会一样，气氛融洽地讨论国家大事。据说就是在这样一个寻常的雪夜里，太祖制定了"先南后北"的作战计划。

背靠大树好乘凉

　　赵普为太祖出谋划策，立下许多功劳，成了太祖非常器重的肱股大臣。于是他的门前也多了许多溜须拍马的官员，他们遇到什么事总是要先请教赵普。太祖得知这些情况后很不高兴，觉得

赵普威胁到了自己的皇权和威严，便随便找了个理由，把他贬为河阳三城节度使。

　　太宗即位后，赵普的处境有些尴尬。当年太祖重用赵普时，太宗还是晋王，手里的实权和在太祖面前的地位都不如赵普。而现在人为天子己为臣，真是世事无常。赵普当然不甘心就这么过下去，他沉浮宦海多年，深谙背靠大树好乘凉的道理。他早就认定太宗可以帮他脱离苦海，便在太宗继承皇位这件事上，站在了太宗这边。

　　太宗即位后，想让自己的亲生儿子继承皇位，不想遵守"金匮之盟"。善于察言观色的赵普自然了解太宗的想法，于是在太宗和他商量是否应该传位给弟弟赵廷美时，他聪明地说："嫡长子继承父位，这是千百年来的规矩，太祖已经错过一次了，陛下还想接着错吗？"

　　太宗听了非常高兴，便决定要让儿子继承皇位。随后，赵普为太宗实现这个目的出了不少力。在打击赵廷美的事情上，赵普实现了一箭双雕。当时赵普有个叫卢多逊的政敌，他总向太宗说赵普的坏话，让赵普很是恼火。有一次，赵普抓住了他与赵廷美秘密交往的把柄，毫不犹豫地禀报给太宗，还大肆渲染了一番，说卢多逊巴不得太宗早点归西，好扶持赵廷美登基，这份忠心让赵廷美也很高兴。太宗听了龙颜大怒，狠狠地惩罚了卢多逊和相关的官员，还借此迫害赵廷美。经历这件事情后，赵普在太宗面前更有分量了，后来他还两次出任宰相。

　　992年赵普辞世时，宋太宗专门指派官员为其

治丧，追封他为真定郡王，并赐谥号"忠献"。

双面宰相，真实的赵普

赵普为官一生，政治才华十分突出。但是他读书很少，还曾因此闹过不少笑话。

太祖在位时，曾经想把"乾德"作为年号。赵普在一无所知的情况下大肆奉承太祖。政敌卢多逊先是冷眼旁观，等看足了他的奉承后，才淡淡地说道："可惜了一个好年号啊，被伪蜀用过了。"太祖命人查阅资料，发现果然如此，于是非常恼怒，严厉告诫赵普要多读书。从此，人们就发现赵普退朝回家后就关起房门看书，十分勤奋。

太祖死后，太宗即位，当时人们传言赵普虽坚持读书，但只读一部《论语》。太宗询问赵普，赵普也不隐瞒，说："臣所知道的东西确实没有超出《论语》。当年臣用半部《论语》辅佐太祖皇帝取得天下，现在则想用半部《论语》辅助陛下，以求天下太平。"

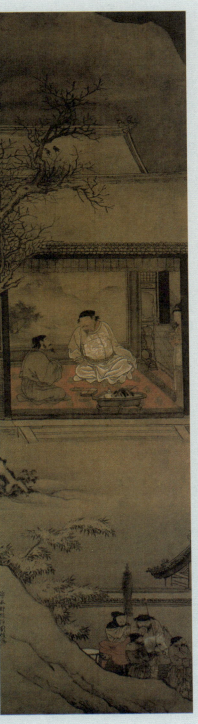

▶（明）刘俊《雪夜访普图》
这幅作品描绘了宋太祖赵匡胤雪夜访问赵普，共同商讨统一大计的故事。图中首座的是宋太祖，他表情庄重，气度不凡，赵普在下首侧坐，恭谦地侃侃而谈。

赵普死后，人们整理他的书籍时才发现，他的书箱里真的只有一部《论语》，于是就有了赵普"半部《论语》治天下"的佳话。

赵普当宰相时刚毅果敢，勇于在皇帝面前坚持自己的想法。如果自己认为合理的建议遭到皇帝的否决，他就会反复上奏，直到皇帝接受。他的严肃刚正曾经救过几十条性命。一次，他发现一件牵连了上百人的大案子存在不合理的地方，便抓住不放，奋力追查，直到真相大白，让无辜的人免于一死。

赵普虽然位高权重，但是伴君如伴虎，他也曾几次差点丢官，因而练就了圆滑阴险的手腕。他曾设法把死对头卢多逊流放到朱崖。一个叫李符的大臣为了讨好他，建议把卢多逊发配到春州。春州虽在内地，但是瘴气很重，卢多逊到了那里必死无疑。赵普依计照办，为了免除后顾之忧，他找了个借口，把李符贬到春州去。这样的手段不免让人恐惧。

赵普身上有许多封建官僚的恶习，他擅长奉承，也收受贿赂，并善于使用政治手腕。但他在处理国家政务和管理官吏方面功劳显赫，可以说，宋朝有个良好开端，赵普功不可没。

吕端是宋太宗、宋真宗两朝的宰相，他从一个小小的州县地方官做起，步步高升，令人叹服。吕端为官刚正，处事宽厚忠恕，理政才华突出，备受皇帝赏识。太宗曾经赞许他"大事不糊涂"。《宋史》则这样评价他："端姿仪瑰秀，有器量，宽厚多恕，善谈谑，意豁如也。"

公元960年～公元1127年
//////北宋王朝//////
名相吕端

蔡州为官，造福百姓

吕端，字易直，幽州安次人，出生在一个官宦世家，父亲吕琦曾经是后晋的兵部侍郎。吕端从小聪明好学，少年时承父荫踏入仕途。北宋建立后，他出任蔡州知州、枢密直学士，最后成为宰相。

吕端在蔡州当知州时，很受百姓欢迎。蔡州自然条件优越，本来是盛产粮食的富庶之地。但当时，连年战乱让百姓生活极其困难，加上旱灾、水灾、蝗灾等自然灾害的影响，百姓纷纷迁徙，外出求生，田地都荒芜了，到处都是一片萧条景象。吕端了解这些情况后，便向皇上提出建议：从晋、云、朔招募一些愿意移居蔡州的农民，增加蔡州人口，发展生产。皇上批准了他

的移民政策后，吕端就开始脚踏实地地干了起来。他积极地为移民盖房分地，耐心化解移民和当地老百姓的冲突，引导和扶持百姓恢复生产，最终实现了百姓的安居乐业，让一度荒凉的蔡州又成为闻名天下的富庶之地。

百姓之所以尊敬吕端，不仅仅因为他优秀的政绩，更在于他独特的人格魅力。他勤勉敬业，节约朴素，吃穿都与平民百姓的标准一样。他和百姓相处十分融洽，经常与普通百姓一起在村野田间喝酒聊天。相传"福源酒"就是他和蔡州百姓一起发明的。

自身利益，小而化之

吕端把名利看得很淡，一些涉及自身利益的事情，他也往往大而小之，小而化之。

995年，太宗封吕端为宰相。当时寇准也是很有名的大臣，才能出众，处理政事干脆利落，但寇准性情刚烈，受不得半点委屈。吕端顾全大局，主动要求与他"分日押班知印，同升政事堂"，与寇准平起平坐，抚慰了他，确保朝政

◀（宋）龙泉窑葱翠青象耳壶
宋时，处州章氏兄弟各设一窑，哥窑即琉田窑，弟窑即龙泉窑。龙泉窑青瓷以釉色光亮，色调悦目而著称，其"梅子青"天下闻名。

〉〉〉太宗令天下不得有滞案，立
三限之制，规定大案处理时间不
超过四十日，中案不超过三十日，
小案不超过十日。

不受影响。

吕端虽然受百姓爱戴，但还是经常有官员背地里在皇帝面前告他的状。吕端从来都是当作不知道，不辩解也不打击报复。有一次，一个对吕端有误解的小官吏见到他本人后，满脸不服气地对旁边的人说："这种人也配当宰相！"吕端的侍从很恼怒，准备去搜集那人的材料，好伺机整治他。吕端及时阻止了，他解释说："不管有意无意，我肯定会记住那些公开羞辱过我的人。我当然不会费尽心思去害他，但要是正好有什么事情牵涉到他，我又正好经手，就难免动点歪脑筋，恐怕不能保持公正了。所以我不想知道什么详细情况，免得日后因记住他的名字而发生什么不公的事。"君子不记仇，吕端就是这样一位修养极好的谦谦君子。

吕端对非法钱财毫不动心，他为官多年，一直清清白白，还经常用自己的俸禄救济别人。他死后没有留下什么家产，导致两个儿子境况窘迫，只能把房子抵押出去换钱来娶妻。好在宋真宗及时了解了情况，帮助他们渡过了难关。

虽贵为两朝宰相，位高权重，家中却如此清贫，这不得不让人佩服他的高风亮节。

定议立真宗，大事不糊涂

997年，太宗病入膏肓，吕端时任宰相，他每天都陪太子赵恒（即后来的真宗）在病榻前照料，询问病况。

当时，有个叫王继恩的宦官是太宗面前的红人，但和太子关系不好。为了保全自身利益，他煽动皇后和朝中一些大臣，想拥立太宗的长子赵元佐当皇帝。太宗刚归西，皇后就让王继恩去把吕端召进宫，打算逼他就范，同意他们的计谋。先前已经听到风声的吕端马上明白皇后一伙人想

▲（宋）钧窑天蓝变玫瑰紫花盆

全器胎厚釉浓，釉质乳浊，釉彩明亮绚丽，口沿棱边与器内周壁的棱线皆呈褐色，外壁天蓝釉彩晕染出深如彩霞的玫瑰红釉斑，赋予全器一股华贵的气质。

篡权，于是他当机立断，把王继恩锁了起来，命令侍卫严加看守，接着进宫去了。果然，皇后向他提出了让长子赵元佐继位的想法，还搬出了祖宗惯例，说这样才合乎传统。吕端是非分明，态度明确地予以否定："太子是先帝在世时确立的，现在先帝尸骨未寒，怎么能违逆他的旨意呢！"从中作梗的主要人物王继恩不在场，皇后也想不出什么对策来。吕端抓住时机，让太子去福宁宫登基。当真宗出现在殿上的垂帘后面，准备接受群臣朝贺时，吕端还留了个心眼，确认是赵恒后才率领众臣磕头拜见新帝。随后，吕端果断地处理了那几个谋逆分子。至此，这场政治风波才告一段落，国家也恢复了稳定。

吕端很受皇帝器重，当了两朝宰相。这是因为他处事果敢灵活，一心为国家和百姓着想。吕端得到了朝野上下的衷心拥戴，他的正直无私也成为后人学习的楷模。

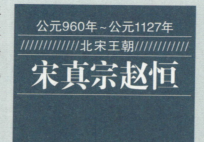

公元960年~公元1127年

//////////////北宋王朝//////////////

宋真宗赵恒

宋真宗赵恒是宋太宗的第三子，于997年登基，在位二十五年。他在位期间，奉行无为而治的政策，使北宋的统治日益巩固，社会经济得以发展。1004年，宋真宗在辽国入侵宋朝的情况下，与辽国订立了澶渊之盟，承诺每年向辽国纳白银十万两、绢二十万匹，使宋辽两国维持了多年的和平局面。

幸运即位，守成而治

宋真宗原名赵德昌，先后改名为赵元休、赵元侃，995年当上太子后又改为赵恒。

宋真宗运气很好，作为太宗赵光义的第三个儿子，他原本与皇位无缘。但先是大哥赵元佐癫狂，接着二哥赵元僖因暴病去世，于是他有幸成为太子。太宗驾崩后，他遭遇了一场由太监王继恩和太后共同谋划的宫廷政变，好在丞相吕端及时相救，他才得以登基。

幼年的真宗与伙伴们游戏时喜欢自封为"元帅"，还经常语出惊人。太祖曾经逗他，说："你认为天子好不好当？"他回答："当天子就是靠天命。"太祖听了很高兴，从此对他更加喜爱。当上太子后，真宗非常谦逊，对朝中的儒臣十分尊敬。他还花了一些精力在处理狱讼上，"裁决轻重，靡不称惬，故京狱屡空，太宗屡诏嘉美"。

登基后，真宗没有变得狂妄自大，

他待人温和，对发动过政变的人都不严惩，对功臣则更加厚待。此外，他兢兢业业地处理政务，整天忙碌，可以说是一个合格的皇帝。

他即位后继续贯彻太宗晚年时推行的黄老思想，守成而治。

而当时宋朝的局面可谓喜忧参半：一方面，太祖和太宗的治理让国家逐渐呈现出盛世景象，局势稳定，经济发展，来自边境的威胁也大大减弱；另一方面，太祖当初为了稳固政权而实施的一些政策已经不合时宜，慢慢成为国家发展的阻碍，但真宗无心变革，这也是导致宋朝后来内忧外患的原因之一。

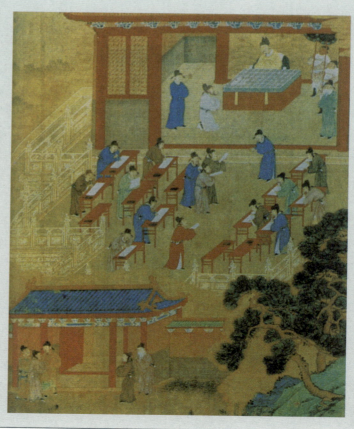

▶宋人科举考试图

宋代帝王从建国伊始，便十分重视科举考试。隋唐时确立的科举制度，在宋代得到了进一步的完善。

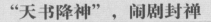

澶渊之盟，见好就收

1004年，辽军入侵，由辽国萧太后和辽圣宗统率的大军旗帜蔽天，直接打到了宋朝境内。

真宗马上把大臣们召集起来商议是和是战。主和派与主战派都坚持自己的立场，吵得不可开交。真宗倾向于议和，他还想把都城南迁，以避开辽军的锋芒，这与他儿时自封元帅的豪气大相径庭。后来，主战派寇准说服了朝臣，还成功说服真宗亲自出征，到澶州督战。

真宗虽然亲临澶州，但心里还是七上八下的。他对寇准的才能很有信心，但总觉得自己身在前线很不安全。他想知道寇准在干什么，好判断寇准是否紧张，于是让部下悄悄去查看，结果发现寇准和一帮人在开心地喝酒，一点都不担忧，这才放下心来。其实，寇准的样子是装出来的，他心里的担忧一点都不比真宗少。

两军交战，双方互有胜负。后来，由于粮草不继，加上孤军深入，萧太后派出使者来释放求和信号。寇准与杨延昭力主乘胜北上，收复燕云十六州，但懦弱的真宗畏敌如虎，立即派人前去议和。最终，以三十万岁币为代价结束了谈判，与辽国订立了澶渊之盟。这个花费远远低于真宗给出的百万底线，让真宗十分满意。

澶渊之盟规定，辽圣宗称宋真宗为兄，如此真宗并不丧失颜面。尽管宋朝每年要向辽国纳三十万岁币（白银十万两、绢丝二十万匹），但

▲（宋）天青釉香熏

此香熏质地为瓷，器型周正，盖呈莲花形，釉为天青色，釉面光滑，显得典雅大方。

这样可以避免战争或迁都带来的巨大经济损失。因此，澶渊之盟的签订是一件利国利民的事。

可是，朝中有个叫王钦若的奸臣，一心要诋毁寇准，执意说澶渊之盟是宋朝的奇耻大辱，害得寇准后来屡次遭贬，也让真宗产生了心结。真宗开始琢磨办点什么风光事来排解苦闷，王钦若知道他不好战争，于是便提出了去泰山封禅的主意，还冠冕堂皇地说这是在仿效古代英明君主，会带来吉祥福瑞。于是，一场自欺欺人的封禅闹剧上演了。

"天书降神"，闹剧封禅

按照惯例，只有天降祥瑞才能封禅。于是，真宗开始绞尽脑汁地想办法。1008年初的一天，真宗在群臣面前一脸严肃地说："去年年底的一个深夜，我临睡前突然发现屋里有奇异的光彩，接着一位神仙出现了。他让我从初三起在正殿上做黄道场，坚持一个月，就会有三篇天书《大中祥符》降临，说完他就不见了。"朝中百官个个懂得察言观色，马上整齐地磕头祝贺。真宗照"梦中仙人"的吩咐行动了，后来果然收到了"天书"。

得知这个消息后，众臣们纷纷觐见祝贺，真宗龙颜大悦，宴请了他们，还派出专使对天地、宗庙和社稷进行策告，宣布大赦天下，并把年号改成"大中祥符"。

很快，整个国家都掀起了发现"祥符"的热

〉〉〉宋太宗下令铸淳化元宝，该币是供奉佛家的专用钱币，钱文为宋太宗手书，分真书、行书、草书三体。

◎看世界／越南颁布刑书　　　　◎时间／1042年　　　　◎关键词／越南第一部成文法

▲（北宋）立雕蟾蜍铜鼓

圆形鼓面，束腹。肩部附一对桥形钮。鼓面正中饰圆圈，外饰回纹，四个立雕的蟾蜍分别立于鼓面边缘，蟾蜍或做卧息状，或做仰首鼓腮鸣叫状，造型极为生动。鼓的腹部和底部饰三道箍棱作为界纹，其间饰三角纹带和花卉纹。此鼓形制花纹多仿西周和汉代风格，形体小巧玲珑，应为青铜工艺品，而非实际使用的乐器。

潮，各地关于祥符出现的奏折纷纷上呈到真宗手里。群臣趁机建议真宗赴泰山封禅，开始真宗还假装谦虚，称自己的功德还不够。后来，从各地涌向京城请求真宗封禅的人越来越多，真宗看势头造得差不多了，便说自己愿意封禅，只是担心耗资太多，加重百姓负担。财政大臣丁谓立刻提交报告，宣称财政方面足以为封禅大典提供保障。于是，真宗便开始正式筹备封禅大典的事宜。

这场闹剧的规模越来越大，其实"演员们"心里都清楚事情的真相，但为了让真宗开心，谁都不捅破，他们都尽心尽力地表演着，还时不时推波助澜。

最后，规模宏大的封禅队伍浩浩荡荡地前往泰山，在行程中大肆庆祝，铺张浪费。直到真宗在前呼后拥中煞有介事地登上泰山，这场封禅的闹剧才落下了帷幕。

寇准是北宋时期一位著名的大臣，被封为莱国公，世称寇莱公。他的刚正不阿和高风亮节令世人叹服，但他也因此官场不顺，屡次被贬，虽然一度官至宰相，最后还是在被贬地溘然离世，惨淡地结束了一生。寇准一生力主抗辽，一定程度上解除了北宋的边患。他还擅长作诗，其七言绝句意境新奇，语言工整，独具韵味。

公元960年~公元1127年
//////北宋王朝//////
刚正不阿的宰相寇准

先天的优势加上后天的努力，让寇准顺利迈入仕途。十九岁时，他考取进士，被封为大理评事，后被派去归州巴东担任知县。意气风发的寇准在地方上做出了很多成绩，很受百姓爱戴，现在当地还保留着很多纪念他的亭子、碑石。

随后，他不断晋升，被调到京城开封，当上了京官。

寇准刚直不阿，经常直言进谏。关于这一点，还有个"挽衣留谏"的典故。一次，寇准向宋太宗汇报一件事，并详细分析其中的利害关系。他的有些意见与太宗相左，太宗不想继续听下去。就在太宗转身打算离开时，寇准固执地拉住他的衣角，努力劝说他坐下来听完。

太宗对寇准当时的做法非常满意，说："我有寇准，正如唐太宗有魏征。"寇准也因此得到了太宗的器重，三十多岁就当上了同知枢密院事。

青年才俊，挽衣留谏

寇准，字平仲，北宋著名政治家、诗人，华州下邽人。寇准出身于书香门第，从小就聪慧过人，勤奋好学。传说他五岁时，父亲带他去拜访一位达官显贵。那位权贵财大气粗，府上修了很高的门槛和长长的石阶，年幼的寇准只好手脚并用爬行而入。权贵戏谑地说："小子足短。"机敏的寇准立即答道："大人门高。"

▲（宋）汝窑天青釉桃形洗
此洗器型周正，施天青色釉，釉有冰裂纹开片，釉层较肥厚，光泽内敛，显得典雅大方。

成也刚直，败也刚直

寇准受到器重源于皇帝对他刚直性格的赏识，但这种刚直的性格也给他带来了灾祸。

一次，寇准又和宋太宗在一件事上发生了分歧，寇准据理力争，一点也不让步，宋太宗觉得有失颜面，责备他说："连麻雀和老鼠都通人意，你怎么就不明白呢？"太宗开始有些厌烦他了，后来便找了个借口把他贬出了京城。

其实，太宗这么做只是想出一出气，他对寇

准的才华和为人还是很赏识的。所以一年后，太宗又把寇准召回了京师。当时太宗患上了严重的脚病，走路都不太方便，为了和寇准套近乎，他先让寇准看了自己的病情，接着责备他怎么这么晚才回来。寇准本性不改，依旧直言直语，用"臣非召不得至京师"把皇帝的话顶了回去。

还有一次，太宗为了立太子的事情征求寇准的意见，寇准没有正面回答，而是说了一句很有水平的话："陛下为天下择君，谋及妇人、中官（太监）不可也；谋及近臣，不可也；惟陛下择所以副天下之望者。"寇准提出立太子是为天下百姓而立，不应该听取三种人的意见：女人（即后妃）、宦官和近臣。因为这三种人都可能只为自己所处的小集团的利益着想，很容易提出不当的建议。太宗听了很高兴。

后来，当太宗看到太子受到百姓称赞，心中不快时，寇准告诉太宗这是社稷的福气，成功地消除了太宗的妒意。

但是不久之后，寇准的刚直不阿再次让他被贬。由于和大臣冯拯在朝堂上争论不休，他触怒了宋太宗，被贬到邓州当知州。

力主抗辽，孤军奋战

真宗即位后，辽军进攻，对宋朝江山虎视眈眈。面对战争的威胁，真宗赶紧把力主抗辽的寇准召回身边当宰相。

1004年，辽军加大进攻力度，让北宋君臣陷入惶恐之中。朝中很多官员主张议和，关键时刻，寇准站了出来，力主抗辽。他还说服真宗亲征，在他的劝说下，真宗鼓起勇气，决定亲自上阵，并命寇准一起前往战场，指挥军队作战。

寇准指挥宋军奋力反抗，连连得胜。军队冲锋到澶州前线时，真宗没有勇气渡过黄河。又是

◀（宋）钧窑月白釉出戟尊

此尊为仿古铜式样，广口外撇，口以下收敛，腹部凸出呈扁圆形，上、中、下三部四面都有凸起的直线形长戟。通体施月白釉。此器是宋代钧窑瓷器中官窑制品的一种。

寇准的劝说和鼓励，才让他痛下决心，到达了黄河北岸。就这样，寇准督促着真宗一步步走向了战场。最后，真宗终于站在了澶州城的北城楼上。宋军士气高涨，欢呼雀跃，声音响彻数十里。

此时，辽军在澶州城下苦攻已久，却迟迟不能拿下，粮草供应日趋紧张，于是便提出和解。最后，双方签署了"澶渊之盟"。从此，两国维持了长达一百多年的和平局面。在处理辽军进攻的事情上，寇准功不可没。王安石曾经这样称赞他："欢盟从此至今日，丞相莱公功第一。"

然而，寇准积极主战，使一些主和派对他心存怨恨并经常算计他。最后，寇准丢了宰相的官位，被贬到陕州当知州，重新被起用后没多久，又被贬到了遥远的道州、雷州。1023年，他因病在雷州去世。

寇准秉性刚正，以致一生仕途坎坷。他的妻姐是宋太祖的开宝皇后，但他从不屑于通过姻亲关系去保住自己的官爵。他的忠直得到了后人的推崇，百姓修建了很多祠庙纪念他，还有人写下这样的诗句赞美他："万古忠魂依海角，当年枯竹到雷阳。"

993年

〉〉〉川蜀农民王小波、李顺因不堪忍受官府的压榨剥削聚众起义。此次起义把北宋王朝在四川的统治打得土崩瓦解，影响深远。

▲（北宋）耀州窑青瓷香炉

耀州窑是宋代北方烧制青瓷的主要窑口，创烧于唐代，鼎盛于北宋。主要产品有唐三彩、白瓷、天青釉瓷、刻花印花青瓷等几十个品种。这个青瓷香炉秀丽淡雅，造型独特，是耀州窑青瓷中的精品。

澶渊之盟是北宋和辽国签订的一个重要盟约，它结束了两国长年交兵的局面。从此，北宋向辽提供"岁币"，两国结为兄弟之国。这个盟约让两国在此后一百多年的时间里基本和平相处，保持友好关系，大大加强了边境城市的经济文化交流，也让两国有更多的精力投入到国家的经济文化建设上。

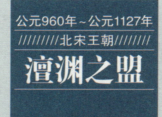

公元960年～公元1127年
//////////北宋王朝//////////
澶渊之盟

宋辽对峙，真宗亲征

北宋初期，燕云十六州是辽宋两国争夺的焦点。宋太祖为夺取这一地区精心筹备多年，没来得及行动便匆匆离世。宋太宗怀着满腔热血两次北征，都失败而返。辽国也十分重视这里，把幽州改为南京，升为都城上京的陪都，并建立完备的官制。通过种种措施，辽国把幽州打造成了重要的桥头堡，以保证在与北宋的对峙中握有主动权。

宋太宗时期，辽国在两次辽宋战争中都取得了胜利，这深深地打击了宋太宗，也震慑了朝中一部分官员。此时的北宋国内形势也不容乐观，王小波、李顺领导的农民起义军占领川西大部，李继迁联合辽国一起反宋，使得宋太宗不得不开始把精力转移到国内。宋太宗认为国家总会有内忧外患，外患影响的主要是边境，可以提前预防，而内忧很难及时发现，"若为内思，深为可怕，帝王合当用心于此"。

于是，他开始致力于镇压国内反抗势力，中止了通过战争收回燕云十六州的计划，转为加强边关防御，变主动为被动。但辽国却虎视眈眈，企图乘虚而入，因而不断加大进攻的频率。

宋真宗在位时的1004年，由萧太后、辽圣宗挂帅的辽军打着收复失地的旗号，气势汹汹地大举攻宋。辽军避开了宋军兵力雄厚的州县和关卡，绕道而行，一直攻到了位于黄河岸边的澶州，直接威胁到了北宋的都城开封。

在宰相寇准的坚持下，真宗决定抵抗，并亲自出征。之后，寇准对宋军做了精密部署，使辽军困在澶州城下，进退维谷。

辽军远离国土，二十万人马所需的粮草很快供给不上。眼见局势对自己渐渐不利，辽国萧太后提出了议和的建议。宋真宗收下使者送来的信后非常高兴，表示凡是可以保证两国百姓利益的事，都可以好好谈。但双方一边说着和谈的事，一边却战火不断。

当时，因为宋真宗赶到了澶州，象征皇帝权威的黄龙旗在澶州北门城楼上升起，宋军士气大涨，每日"呼万岁，声闻数十里，气势百倍"。

一天，宋军抓住了一个辽军间谍，为了打击敌军士气，真宗下令砍了他的头，挂在城楼上。果然，宋军的欢呼声和城楼上满是鲜血的人头，让辽军的军心开始动摇。

化干戈为玉帛

萧太后哪咽得下这口气，她马上派出数千名精兵，想给宋真宗一点颜色瞧瞧。宋真宗端坐在城楼上督战，命令士兵列阵迎敌。很快，士气高涨的宋军就击退了辽军。

寇准十分清楚，要想保障国家的长治久安，让两国长期免于战火，宋军必须击败辽军，夺取燕云十六州，并让辽国对宋称臣，否则，辽国肯定不会安分太久。

〉〉〉辽圣宗诏令诸道各置义仓，每年秋收时百姓出粟交仓，歉收时用作赈济。

◀（北宋）定窑白釉龙首莲纹净瓶

高25.1厘米、腹径10厘米、足径6.7厘米，河北定州静志寺塔基地宫出土。净瓶为佛教徒所使用的器物。此瓶制作精细，釉质莹润，造型仿佛一座塔。腹部饰仰覆莲瓣纹，颈中部附一相轮状圆盘，器身一侧塑龙首流口，其造型非常少见。

但宋真宗并没有这样的远见，他一心想要尽快结束战争，于是告诉前去谈判的使者曹利用，只要岁币不多于百万，辽国提出的任何条件都可以答应。

曹利用出发之前，寇准悄悄地把他叫过去，一脸正色地告诉他："虽然皇上给了你百万岁币的权利，但结果要是多于三十万，我绝对不会饶过你。"

曹利用的谈判能力还是不错的，他在辽军的营帐里与萧太后努力周旋，终于取得了和谈的成功，双方签署了澶渊之盟。盟约规定：第一，辽宋结为兄弟之国，年纪较小的辽圣宗为弟，宋真宗为兄；第二，划定白沟河为两国国界（辽国把遂城、莫州等归还北宋），两国同时撤军，双方不得藏匿对方逃犯，国界两边的城墙要保持现状，不能再修筑新的城墙；第三，北宋每年派人到雄州支付辽国"军旅之费"，共计十万两白银、二十万匹绢丝；第四，两国边境开放市场，发展贸易。

这样的结果让做好了每年支付百万岁币打算的宋真宗非常高兴，他重重奖赏了曹利用。

和谈终于成功了，宋真宗心里的石头也落了地。他庆幸自己没有白白地冒着生命危险来前线走一趟。对军中立过功的将士大肆行赏一番后，宋

真宗带着萧太后送来的一些御衣和辽国的特色食品，心满意足地回京。临走前他还反复交代，一定要让辽军也一起离开，免得节外生枝。

澶渊之盟真是屈辱性条约吗？

世人一般把澶渊之盟与屈辱联系在一起，因为北宋明明很有希望打胜仗，却以提供岁币为代价向辽国求和，以盟约的形式承认辽国的合法地位。然而，这真是一个屈辱性条约吗？

先来看看当时的战争局势。

虽然宋真宗御驾亲征，宋军士气高涨，取得了一些胜利，但需要注意的是，这些胜利都是不足以改变战局、影响有限的小胜利。宋真宗亲自挂帅并不是促使宋军得胜的灵丹妙药，他本人如果碰上什么意外的话，情况就会更糟糕，所以说，继续打下去并不见得对宋军有利。

还有一点，在过去长达二十五年的时间里，宋辽两国一直兵戎相见，但谁也没法彻底打败对方。反而是战争带来的巨大开销给两国都带来了沉重的负担，边境一带的人民更是深受其害，不但正常的农业活动被迫停止，曾经活跃的边境贸易也无法继续。而两国签署盟约后，民众才恢复了正常生活。

虽然盟约规定北宋每年要向

辽国支付三十万岁币，但这些损失很快就能从边境贸易中挣回来。北宋宰相王旦形容当时的情况说："国家（指北宋）纳契丹和好以来，河朔生灵方获安堵，虽每岁赐遗（指给辽国岁币），不及（军费支出的）百分之一。"这样的描述一点都不为过。北宋后来变得非常富裕，也与宋辽边境安定有很大关系。因此从长远来看，北宋签署澶渊之盟获益甚多。

对于辽国而言，澶渊之盟更是相当于天上掉金子的好事，岁币的魅力足以让辽国放弃开战的想法。而后来辽宋边境贸易繁荣，更在一定程度上推动了这个国家的文明进程。

综上所述，澶渊之盟对辽和宋这两个具有竞争性的国家起到了制约作用，使二者在一定地域内、一定程度上保持了平衡。我国现当代著名学者蒋复璁曾称赞它"影响了中国思想界及中国整个历史"。

▶（宋）带钩

这是一件精致的大型玉带钩。面上浮雕为子母盘螭，钩为龙首。带钩从侧面看近似"S"形，下面附有一个短柱，柱顶上有一个或圆，或方，或纽扣形的部分。古代带钩的用途有多种，最主要的是装在革带之上，钩挂东西；此外还可作为衣服上的衣钩，或者装在腰带的一端，用带钩上的钩勾住腰带的另一端。

1002年

◎看世界／穆拉比特帝国建立　　　　◎时间／1062年　　　　◎关键词／柏柏尔人

公元960年～公元1127年
//////// 北宋王朝 ////////
庆历和议

北宋时期，时常进犯北宋边境的政权除了辽国外，还有西夏。北宋和西夏长期处于交战状态，吃了败仗的损失惨重，打了胜仗的也得不到好处，可谓两败俱伤。最终，两国决定和谈，并在宋仁宗庆历四年（1044）达成协议，史称庆历和议。这份和议意义重大，它给两国带来了长达五十年的和平时间，促进了两国经济的交流和发展，为两国人民提供了安定的生活。

西夏进攻，北宋连战连败

西夏党项族没有建国时，统治者李德明向宋朝称臣，态度很友好。但他的儿子李元昊接任后并没有延续他的做法。

李元昊雄心勃勃地称帝建国，把国号定为大夏，史称西夏。他还通过信笺向北宋统治者宣告了这件事，希望得到北宋的承认。当时在位的宋仁宗十分恼怒，宣布解除李元昊的所有官职，并悬赏重金捉拿他。就这样，宋夏两国拉开了战争的帷幕，并持续三年之久。

公元1040年至1042年，西夏对北宋发动了三场大规模的战争。

第一次是在1040年。李元昊采取虚实结合的策略，先是制造出攻打北宋金明砦的假象，然后派使者去找时任北宋延州知州的范雍，宣称想要和谈。范雍果然中计，马上把这个消息禀报给朝廷，同时也放松了警惕。

就在延州防御松懈的时候，李元昊的大军迅速包围了延州，北宋仓促之下派出的援军在三川口吃了败仗。但西夏军在逼近延州时也遭到了偷袭，元气大伤，只能无奈地撤退。这次战争中，宋军损失惨重，名胜实败。

第二次是在1041年，李元昊这次带来了十万大军。仁宗通过三川口之败知道了西夏军队的实力不可小觑，也开始积极备战，派出夏竦、韩琦和范仲淹等得力大臣去迎战。

李元昊早听说范仲淹是个很有谋略的人，便采取了声东击西的策略。他安排主力部队在好水川埋伏，然后派出其他兵力虚张声势地进攻怀远，号称要打到渭州去。范仲淹虽然看出了李元昊的计策，但韩琦并不听取他的意见，执意出兵迎战，结果落入了西夏的陷阱，被打得片甲不留。噩耗传来，仁宗盛怒，一气之下将韩琦和范仲淹都贬了职。除掉了范仲淹这个障碍，西夏就更有信心攻打北宋了。

于是，1042年，李元昊发动了第三次进攻。他把部队分成两路，一路攻打宋军防御森严的宋夏边境一带，吸引宋军的注意。这条战线上，西夏军队把前来迎战的宋军打得片甲不留；另一路攻打宋军兵力较弱的关中平原，直取长安，

◀（西夏）灵武窑双耳扁壶
灵武窑位于宁夏回族自治区北部的灵武县，该窑始于西夏，产品有碗、杯、盘、盆、钵、釜、壶、瓶、缸、瓮、罐、灯等。此外还有西夏游牧民族所特有的扁壶、铃、钩等。本壶胎体沉重，造型浑厚，整体上体现了西夏游牧民族瓷器的特点。

〉〉〉宋、辽缔结"澶渊之盟"，该协约的内容包括"宋每年给辽绢二十万匹，银十万两。以白沟河为界分治"等。

1004年

这条战线上，西夏军队遭遇顽强抵抗，由北宋原州知州景泰率领的宋军连战连捷，李元昊的计划不得不宣告失败。

三次战役都使北宋遭受了严重的损失，北宋实在是疲于应战了。

西夏胜而求和

西夏虽然赢多败少，但收获却远远少于损失。战争带来的一系列问题让李元昊很发愁。

经济方面，西夏投入大量物资来支付战争开销，财政面临巨大压力。加上由于挑起战争，西夏失去了北宋提供的大量岁赐，两国边境地区的榷场被关闭，经贸交往受阻，导致西夏境内物资短缺，经济发展受阻。因此，西夏在战争中的收获远远少于和平时期从北宋得到的好处。

内政方面，因为李元昊好大喜功，四处征战，使得西夏国内财政亏空、通货膨胀，百姓生活困苦。西夏为战争付出了惨重的代价，"军民死亡，疮痍过半"，疲惫不堪的将士们再也无力应战。李元昊不得不放弃了彻底战胜北宋的计划。

外部环境方面，宋夏战争使地缘冲突升级，北宋、辽和西夏三国关系发生转变。本来已经结为联盟的西夏和辽国在边境问题上发生冲突，两国关系急转直下，盟约开始形同虚设。

为了避免陷入腹背受敌的被动境地，西夏别无选择，只能提出议和。面对西夏的提议，疲于应战的北宋很快就答应了。

庆历和议，暂时和平

1042年，西夏派代表奔赴开封参加和谈。1043年，两国进入了正式谈判阶段。

经过多次讨论，宋夏两国终于在宋仁宗庆历四年（1044）签订了和约。和约规定：西夏为北宋的臣国，北宋赐元昊封号；双方都不得再向对方追讨战时被掳走的将士、百姓；今后双方不能派兵追击从本国边境逃入对方领土的人，对于这种人，原则上双方要积极配合，互相送还；西夏在战争中攻占的北宋领地和边境一带蕃汉聚居的地区都划归北宋版图，双方在各自的领土内可以自由修筑城堡；北宋每年向西夏提供五万两白银、十三万匹绢丝、两万斤茶叶，各种节日还提供两万两千两白银、两万三千匹绢丝、一万斤茶叶。

这次和议，历史上称之为"庆历和议"。这份建立在平等基础上的和约为两国带来了近五十年的和平时间，为双方的经济文化发展提供了条件。在此期间，西夏大量吸收了中原先进的文明，其农业、商业和手工业在与中原日趋频繁的交流中慢慢发展起来，国力渐盛，后来与宋、辽形成三足鼎立之势。

然而，和平的局面并没有维持很久，后来宋神宗、宋哲宗在位时，宋夏之间又发生了战事。

▲ （宋）佚名《柳溪闲憩图》

此图原是散页，不知从何册中佚出。旧题王诜作，但王诜今存的《梦游瀛山图》及《烟江叠嶂图》与此图画风大不相同，所以应为北宋末期一位书画高手假借王诜之名所作。画中清风微拂，芦苇和柳枝均向后摇摆，一老者憩息于柳树的树干上，披襟而坐，怡然自得。

〉〉〉著名的绘画理论家黄休复著成《益州名画录》一书。他认为画可分四格，即"逸""神""妙""能"。

◎看世界／阿拉贡王国国王逝世　　◎时间／1063年　　◎关键词／拉米罗一世

北宋名臣范仲淹说过一句光照千秋的话："先天下之忧而忧，后天下之乐而乐"。他用自己的一生去践行这句话，为世人所景仰，历代有志之士都以他为榜样。范仲淹在政治、军事、文学上都成绩斐然，著名理学家朱熹曾经赞他为"第一流人物"。

公元960年～公元1127年

////////// 北宋王朝 //////////

范仲淹先天下之忧

自幼勤学，为官几起几落

范仲淹年幼丧父，后跟随寡母谢氏改嫁到山东淄州一户朱姓人家，改名朱说。范仲淹二十多岁时得知家世，伤感不已，毅然离开朱家，外出求学苦读，终于满腹经纶，学富五车。1015年，他考取进士，步入仕途，后恢复原范姓，改名为仲淹。

开始时，范仲淹一直在地方任职。但他从不因官职卑微而懈怠，而是脚踏实地为民造福。因此他每次离任时，当地的百姓都很不舍。后来，他被提拔到中央，也由此得以与皇帝直接接触，受到重用。

范仲淹为人正直，一旦发现朝中有败类，就毫不畏惧地与

▶《范文正公集》书影

范仲淹是北宋时期的政治家、军事家和文学家，他在政治上主张革新旧制，在文学上也倡导诗文革新。

之斗争，他也因此先后几次被贬。为了让刘太后把实权还给仁宗，范仲淹惹恼了太后，被贬到了河中府。仁宗亲政后把他召回，封他为右司谏（谏官），后来又因不满他的直言直语而把他贬到外地。再后来，他因为在地方上政绩卓越被召回朝廷，开始负责改革官制，整顿吏治，却因为触犯了一些达官贵人的权益而遭到暗算，再次被贬。

庆历新政，推行政治改革

1043年，仁宗下令召范仲淹回都城，封他做了参知政事，和担任枢密副使的富弼、韩琦等人一起处理朝中事务。

当时北宋内忧外患严重，官僚冗杂，人浮于事，军队扩编，大大加重了百姓负担，国库也开始紧张。为了清除忧患，范仲淹等人奉仁宗之命实施改革。

范仲淹制定了很多整顿吏治的措施：建立官员考核制度，定期考察官员政绩，并以此为依据实行奖罚；严禁官员子弟靠父亲关系谋得官职；对科举制度进行完善；严格选拔地方官。

为了保证措施落实到位，他还派出一些优秀的按察使深入各地督察。按察使一旦发现有不称职的官员，就上

》》》豺狼座中出现了超新星爆发现象，是历史上极为壮观的一次天文现象，宋人对此作了极为珍贵的纪录。

▲（宋）端石海天砚
高约6.6厘米，长32.8厘米，宽23厘米，形近椭圆形。石色紫中泛红，石理细润。砚面雕仙人楼阁，四周为海浪所围，波浪中矗立三峰，中峰刻"天台"二字，左峰刻"朱明曜真"，右峰有"醴泉华池"等字样。阁楼正门深挖成长方形墨池，其下即砚堂。砚堂宽平正直，砚首边缘左右各有一石眼，碧黄色，其间满布小孔，象征天上的星斗、日、月等。周壁为波涛，有各种海兽奔腾其间。

▶岳阳楼
范仲淹在千古名篇《岳阳楼记》中，抒发了自己"先天下之忧而忧，后天下之乐而乐"的理想和抱负，文章意境深远，为历代传诵。

报给范仲淹，范仲淹就会把那些人从官员名册里去掉，毫不手软。

改革取得了一定的成效，朝中很多正直的大臣都对此赞不绝口。但一些封建腐朽势力集团的利益遭到了侵犯，大官僚被剥夺了很多特权。随着新政的深入，他们的损失也越来越大。为了维护自身利益，他们开始恶意丑化新政，编造谣言，还故意传到仁宗耳中。

仁宗最终退缩了，对改革前景也不再抱什么希望。他武断地废弃了所有改革措施，还把范仲淹罢官贬职，赶到邓州去了。庆历新政仅维持了一年多，便以失败而告终。

在范仲淹的治理下，邓州百姓安居乐业。1049年，范仲淹被调任知杭州，后被升为户部侍郎，调往青州。然而，由于病重，范仲淹最终在徐州病逝。

◎看世界／西班牙卡斯提尔、雷翁分裂　　　◎时间／1065年　　　◎关键词／西班牙的分裂与统一

先天下之忧而忧，后天下之乐而乐

　　范仲淹政治才能卓越，在文学上的成就也不可小觑。他擅长诗词散文，作品大多收录在《范文正公集》里，数量不多，但多为佳作。

　　范仲淹有很多寓情于景的佳作。他的诗词意境开阔，感情深沉，一改唐末五代时期绮靡的词风，多以描写边塞生活或抒发羁旅情怀为主。时而激越奋发，其内容时而慷慨惆怅，时而苍凉沉郁，影响深远。

　　范仲淹留下的词作虽然不多，但大都是人们耳熟能详的上乘之作。这些作品足以让他在词坛上占据不可动摇的位置，有人称赞他的词"字字珠玉、掷地有声"。

　　范仲淹的政论散文针砭时弊，表达政见时通脱豁达，文采灼灼。其代表作《岳阳楼记》是千古流传的佳作。

　　在《岳阳楼记》中，他用精炼华美的语言极力渲染洞庭湖的浩瀚气势，并寓情于景，表达了自己"先天下之忧而忧，后天下之乐而乐"的济世情怀，同时劝勉有志之士不要沉沦于自己的不幸中，要跳出狭隘的个人世界，"不以物喜，不以己悲"。

　　《岳阳楼记》也生动地反映了范仲淹胸怀天下的情怀，是他一生的真实写照。他这种高尚情操，是让世人受用至今的宝贵的精神财富。

▶（宋）绿釉带盖五管瓷瓶

此瓶为子母盖，盖钮状如花蕾。直口，瓦棱肩，长腹略鼓，渐收为圈足。五管较细小，均匀分布在瓶肩之上。瓶盖和肩部有篦划纹，腹部刻画莲瓣纹。通体施青釉，釉色光亮。

公元960年~公元1127年
////////////北宋王朝////////////

推行变法的王安石

王安石，北宋时期著名的政治家、文学家，唐宋八大家之一，列宁称其为"中国十一世纪的改革家"。北宋到了宋神宗时期，统治陷入危机，社会矛盾尖锐，当权者不得不考虑进行变革。为了缓和社会矛盾，巩固统治，神宗起用王安石进行变法。这次变法对缓和矛盾、维护北宋政权起到了一定的作用。

11世纪的改革家

王安石，字介甫，晚年号半山，出生于抚州临川，世称临川先生。他曾被封为荆国公，所以也称王荆公。

王安石出生于官宦世家，有良好的教育背景，小时候便随父亲周游各地，对北宋社会中存在的问题有所了解。1042年，他考中进士，当上了地方官。

这个时期，北宋政权已经危机四伏。庆历新政遭遇挫败，吏治问题严重，机构设置臃肿，人浮于事。导致这种局面的原因主要有三个：一是官制不合理，二是通过科举进入仕途的人过多，三是"门荫"制度使许多中高层官员

▶王安石像
王安石字介甫，号半山，临川（今江西抚州）人，世称临川先生，是北宋改革家、思想家、文学家。

的子孙出生之前就已经有了官位。同时，军队不断扩编，人数比北宋建立之初增加了几倍。

因为这样，北宋国库连年亏空，财政困难，而政府的财政负担最终又要通过赋税的形式转移到老百姓的身上，从而导致社会矛盾不断激化。

王安石在当地方官时就对这种社会矛盾和危机有着深切的体会。他于1058年写了《上仁宗皇帝言事书》，直指社会弊端，提议实行变革，但宋仁宗并未采纳。

宋神宗当政后，打算大干一番，于是在1068年召王安石入朝。王安石总结宋朝历年施政概况，指出"累世因循末俗之弊"，提出了变法的主张。宋神宗非常支持，任命他为宰相，展开了声势浩大的熙宁变法。

王安石带领变法派制定了一系列新法，开始了广泛的变革，改革内容涉及农田水利、青苗、免役、均输、市易、免行钱、矿税抽分制等诸多方面，涵盖了农业、手工业和商业，影响了城市和农村。他还着手进行军事改革，力图提高军队综合实力；同时改革教育制度，并亲力亲为，撰写了新教材《周礼义》《书义》《诗义》，这三本教材被后人称为《三经新义》。

由于变法侵犯了一些达官显贵的利益，加上新法本身存在一些问题，因此改革进行得并不顺利。断断续续勉强维持了十几年后，新法最终被彻底废弃，期间王安石也经历了宦海的起起伏伏。

这次改革在一定程度上缓和了社会矛盾，巩固了北宋政权，为政府实现了财政增收，其负面影响在于使政府垄断加剧，不利于经济的长远发展。另外，新法使农民、手工业者的利益受损，这也是导致变法失败的重要原因。

1086年，保守派在朝中占据绝对优势，全面废除新法。王安石得讯后没多久就在抑郁中去世了，但他的高尚品德得到了世人的一致认可。

位列唐宋八大家

王安石在文学和思想领域也颇有建树。他的政论散文实用性很强，强调文学对社会的价值。其散文题材大多涉及社会、人生和政治等方面。所作《答司马谏议书》《读孟尝君传》《伤仲永》《游褒禅山记》等，均为传世名篇。

王安石的散文上承古文运动，讲求语言的质朴精炼，在高度概括中层层展开，阐明事理，具有很高的艺术价值，因而他被列为"唐宋八大家"之一。

此外，王安石在诗歌方面也颇有造诣。他写的《梅花》："墙角数枝梅，凌寒独自开。遥知不是雪，为有暗香来"，语言练达，音律优美，立意悠远，至今仍广为传诵，是中国儿童启蒙诗歌中的重要作品。诗歌《泊船瓜洲》："京口瓜洲一水间，钟山只隔数重山。春风又绿江南岸，明月何时照我还"，表达了王安石浓厚的思乡之情，并抒发了他希望回到朝中，实施新政的政治愿望。总之，他的诗歌寓情于景，风格明健，为人世所称道。有

▲（北宋）崔白　《双喜图》

崔白，北宋画家，擅画花竹、翎毛，亦长于佛道画，其画颇受宋神宗赏识。他善于表现秋冬季节中花鸟的情态神致，尤精于败荷、芦雁等景物的描绘，手法细致，形象真实，生动传神，富于逸情野趣。这幅《双喜图》描绘了两只山喜鹊向一只野兔鸣叫示警的情景。两只山喜鹊，一只飞来助阵，一只俯首鸣叫，并向闯入者展翅示威。野兔知道这是威胁不大的鸟类，无须像遇到鹰隼那样紧张，故驻足回首张望。周围树木的枝叶及竹、草等植物均随风摇摆，更增添了活泼生动的声势与神韵。整幅画动静结合，自然气息浓郁。

▲（宋）汝窑青黄釉四叶洗
质地为瓷，造型精美，莲瓣形口，四足，满釉支烧，釉质细腻，胎体坚硬，细小开片，十分自然。

学者称赞说"荆公之诗，实导江西派之先河，而开有宋一代之风气"。

浓绿万枝一点红，动人春色不须多

当初，被罢官后，王安石遭到很多人的谴责，但包括政敌在内的朝中大臣对他都很尊敬。他在个人品行方面无懈可击，政敌对他的指责也仅限于他为人骄傲，不相信天命之说，不尊重祖宗法制之类，没有任何针对人身的攻击。

王安石对个人的饮食起居没有过高的要求，一切以简朴为准。他平日里也不注重自己的形象。但是，他在权贵面前从来都能保持自己的气节，不畏惧，不奉承。他身居高位后，从来不通过职

务之便谋求私利，干些贪赃枉法的勾当。他虽然当过宰相，但被罢官后，人们发现他只有一间仅能遮风避雨的茅草房。

正因为这种罕见的风骨，即使是身为政敌的司马光和苏轼也非常尊敬他。

"浓绿万枝一点红，动人春色不须多"，这正是王安石一生骄傲自信的真实写照。他不贪图名利，忠实于自己的理想并努力去实现它。

司马光曾经这样评价王安石："介甫一人享有天下大名三十多年，才华横溢，学识渊博，淡泊名利，志向高远。"

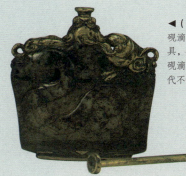

◀（宋）汉玉剑饰砚滴
砚滴为滴水入砚的文房用具，也称水滴、水注。此砚滴为宋时砚滴，具体年代不详。

▼（宋）定窑划花茶盏
质地为瓷，器型周正，造型优美，芒口，施白釉，釉色白中泛黄，呈牙白色，刻画工艺流畅。

>>>宋廷征集、校订医书，著名针灸学家王惟一奉命纂集旧闻，订正谬误，考订针灸著作。

◎看世界／德皇、教皇册封权斗争开始　　◎时间／1076年　　◎关键词／亨利四世 教皇

公元960年~公元1127年
//////////北宋王朝//////////
帝王艺术家宋徽宗

他是历史上很有名气的一位皇帝。他的名气来自于两方面：政治方面极其失败，昏庸无能，不务正业，最后成为亡国奴，当了金人的俘虏；艺术方面成就极高，创立了独特的书法"瘦金体"，留下了一些优秀的画作。他就是宋徽宗，一个很失败的皇帝，一个很杰出的艺术家。

在其位，不谋其政

1100年，哲宗去世。因为他没有子嗣，所以只能从他的兄弟中选择新皇帝。当时哲宗有五个兄弟，其中包括端王赵佶。按照祖宗法制，赵佶不是嫡出，不能继承皇位。但垂帘听政、掌握大权的向太后却偏偏选中了他，章惇等大臣在多次反对无果后，也只好默认了。

就这样，赵佶当上了皇帝，是为宋徽宗。徽宗性格放荡，胸无大志。他喜欢闲情雅致，爱好书法、绘画等，对收集奇花异石，观察飞禽走兽也很痴迷。因此，他的身边聚集了一堆兴趣一致的人，徽宗当上皇帝后，他们也得到了提拔，其中最为世人熟知的是"六贼"：蔡京、王黼、童贯、梁师成、李彦和朱勔。

徽宗不但重用小人，还穷奢极侈，贪图享受。他专门设立了物品造作局，里面有很多华贵的器物，专门供皇室成员使用。他到处搜集奇花异石，通过航道运到开封，运输船队叫"花石纲"，花石纲所到之处，百姓都要付出沉重代价，苦不堪言。他推崇道家，自封为"教主道君皇帝"，花费了大量人力、物力来兴建宫观，还养了很多道士。徽宗的挥霍无度让国家财政更加恶化，阶级矛盾不断激化，最终导致方腊、宋江等人揭竿而起。

在对外事务上，徽宗也处理得很糟糕。为了对辽国形成夹击之势，他派出使者和金朝结盟，最后却招来了金军的铁骑。敌军压境，他又恐惧畏缩，赶紧把皇位传给了自己的儿子赵桓（即宋钦宗），自己当上了不管事的太上皇。但他终究也没有逃脱成为亡国奴的命运，于1127年和钦宗一起沦为金军俘虏。

徽宗当政二十多年，昏庸无能，穷奢极欲，丝

◀（北宋）宋徽宗《芙蓉锦鸡图》
这幅画是宋徽宗花鸟画的代表作，画中芙蓉花叶繁茂，锦鸡昂首挺立，笔法工细，设色典雅，是中国绘画史上的上乘之作。

毫没有承担起一国之君的责任。

别处开花，光辉灿烂

徽宗虽然是一个极其不合格的皇帝，但他在中国的书法史和美术史上却占有极高的地位，对后世产生了非常深远的影响。

书法方面，作为瘦金体书法的鼻祖，他的字挺瘦秀润，不管内行还是外行，看了都会赞不绝口。《书史会要》称赞他："徽宗行草正书，笔势劲逸，初学薛稷，变其法度，自号瘦金书，意度天成，非可以形迹求也。"他留下了《瘦金体千字文》《欲借风霜二诗帖》《夏日诗帖》《欧阳询张翰帖跋》等书法作品，都是书法界的无价之宝。

绘画方面，他是中国历史上最杰出的画家之一。他强调写生，善画花鸟，他的画以精致、逼真而闻名。他的传世之作《祥龙石图》《芙蓉锦鸡图》现藏于故宫博物院，《翠竹双雀图》藏于美国大都会博物馆。

另外，他还从制度上推动了中国古代文化艺术的发展。

他重视翰林书画院的发展，为画院设立了完备的制度并使之不断健全。此外，他还设立画学，把画学纳入科举考试范围，并亲自选择古人诗句作为考题，极大地推动了书画艺术的发展。他还编纂了《宣和书谱》和《宣和画谱》，收录了当时宫中所藏的书画，为研究古代绘画史的学者们提供了重要的资料。

徽宗十分推崇道教。他经常派人到民间去搜寻各种道书，还成立经局，对道教书籍进行专门的整理、校勘。政和年间完成的《政和万寿道藏》是我国最早全本刻印刊行的《道藏》，为世人研究道教历史和经典提供了宝贵的历史资料。他还安排编写宗教著作，成就了中国史上最具规模的道教史书和神话人物传记。

靖康之变后，徽宗沦为金国的阶下囚。在被掳去金国的路上，他想到自己从享尽荣华富贵的君王变成了没有自由身的俘虏，不由得潸然泪下，于是作了一首《宴山亭》："裁剪冰绡，轻叠数重，淡着燕脂匀注。新样靓妆，艳溢香融，羞杀蕊珠宫女。易得凋零，更多少、无情风雨。愁苦，问院落凄凉，几番春暮？凭寄离恨重重，者双燕何曾，会人言语？天遥地远，万水千山，知他故宫何处？怎不思量？除梦里、有时曾去。无据，和梦也、新来不做。"该词浓郁的凄苦之情让人不忍读完，王国维称其为"血书"。

徽宗在金国受到了百般摧残，最终客死异乡。他的棺材直到1142年才得以从金国送回临安。也许，如果没有皇帝这个身份，他会成为一位流芳百世的大艺术家，而不用作为一个失败的皇帝，遭受世人的诟病。

◀（宋）汝窑天青釉四足兽纹香工笔画熏炉
这个熏炉质地为瓷，器型周正，顶部有狮形钮，盖上有四个支钉痕，釉有开片，底部有五个支钉痕。

1043年

北宋末期，面对来势汹汹的金军，北宋统治者放弃了抵抗，一门心思求和，结果导致宋徽宗、宋钦宗成为金国的阶下囚，这就是靖康之变。这场变乱使得一度繁荣昌盛的北宋王朝宣告结束。靖康之变发生后，宋钦宗之弟赵构在应天称帝登基，南宋建立。后来赵构把临安定为都城。

公元960年~公元1127年
//////// 北宋王朝 ////////
靖康之变

山雨欲来风满楼

海上之盟像一面镜子，金国从里面看到了北宋的软弱和自

▶（北宋）靖康元宝
这是宋钦宗赵桓靖康元年（1126）所铸的铜钱，钱上文字为篆、隶两种字体。

己的强盛，于是，他们在打败辽国后就把矛头指向了北宋。

金国统治者派大将完颜宗翰和完颜宗望各率领一支军队，分别进攻太原和燕京，预备最后在宋国的都城开封会合，一口气把开封拿下。收到情报的燕京主将童贯打着要去京城向皇上禀报情况的幌子跑了。燕京另一守将郭药师在来势汹汹的金军面前选择了投降，完颜宗望部队顺利占领了燕京。完颜宗翰大军在太原城外久攻不下，于是他把军队分作两部，留下一部分接着攻打太原，其余的从东面绕行，向开封挺进，以确保会师计划的实施。

这时，徽宗终于从他的黄粱美梦中惊醒，他颁发了罪己诏，将自己当上皇帝后犯下的诸多过错一一列举出来。但是为时已晚，金军势不可挡，步步紧逼。被吓破了胆的徽宗赶紧把皇位禅让给自己的儿子，随即南逃避难。

被推上皇位的赵桓（即宋钦宗）把1126年改为靖康元年，意为保佑国家安康。但钦宗和徽宗有很多相似之处，他做事犹豫不决，经常改变主意，处理军机要务时不能准确判断、果断裁决。他轻易放弃了黄河这道天然屏障，让金军只花了极短的时间就顺利过河了。

战事告急，徽宗又避难去了，钦宗好

◀（宋）钧窑天青渣斗式大花盆
此花盆高约17.5厘米，口径约19厘米，造型仿照古铜器，作渣斗形通体施天青色釉，胎厚釉浓，釉面清澈明亮。颈部釉面满布蚯蚓走泥纹，腹部上缘出现一周月色的釉彩，口沿作褐色边。

▲（宋）松荫庭院
画面视角由上往下俯瞰。画中房室皆露脊，可尽窥院中景色。长廊后方屋内，可见一妇人午睡将起，有三个侍女站在走廊上等待召唤。全画布局新颖，笔法工细。

不容易树立起来的抗敌决心开始动摇，他又一次改变主意，想要躲到陕西去，但是这个念头在主战派大臣李纲的反复劝说下打消了。钦宗让李纲担任亲征行营使，全权负责率兵抗金的事宜。李纲严防死守，让围在开封城外的金军怎么也攻不进去，还损失了不少人马。

无奈之下，完颜宗望派出使者去见钦宗，希望宋朝派代表商议和谈。钦宗喜出望外，打算不惜一切代价议和。他把康王赵构送去金营当人质，重用以李邦彦为代表的主和派，并罢免了李纲、种师道这些主战派。京城的百姓闻讯后群情激昂，钦宗只好又恢复了李纲、种师道等人的官职，这才让百姓的抗议声渐渐平息。

主战派重新占据了优势，金军又久久不能攻下东京，宋朝勤王的援军也已经赶到，这些情况都对金军很不利。金军将帅深感局势不妙，再继续拖延下去，便会陷入腹背受敌的境地，于是便打算撤退。不久，钦宗用新人质把赵构换了回去，而且答应向金国割让土地。

于是，金军解除了对东京的包围，满载而归。

撒豆成兵，一场闹剧

钦宗见金军已经撤退，就以为战事已经了结，于是又罢黜了种师道等人，完全不理会他们提出的一些关于抗击金军的建议，他天真地以为靠议和就可以永保太平了。

其实，金国撤军只是为形势所迫，乃权宜之计。几个月之后，金军再次出击，还是由完颜宗翰和完颜宗望率领，从东西两路轻车熟路地逼向开封，成功会师后开始全力进攻。

这时候，钦宗才知道李纲的用处，马上召他回京城，还派人去相州找赵构，封他为天下兵马大元帅，让他和驻守河北的将领赶紧带军队进京。但李纲和赵构当时所在的地方离京城都有一段距离，当他们快马加鞭赶来时，金军的猛攻已经让开封岌岌可危了。

钦宗顿时乱了手脚，他没有加强防御，等着援军的到来，而是听信了"撒豆成兵"的谗言，成为世人的笑柄。他相信了术士郭京的话，以为郭京真的会撒豆成兵，能变出七千七百七十七个士兵，然后用"六甲法"活捉敌军将帅，把金军杀得片甲不留。郭京假装自己很厉害，称"非朝廷危急，绝不出师"，一直不肯施法。后来经不住军民的反复敦促，他才开始施法。他让驻守在城头的军民都闪开，把城门打开，洒下七千七百七十七颗豆子，"迎战"金军。

结果可想而知，金军很快攻下了开封外城，郭京也逃命去了。其实倘若钦宗脚踏实地地准备防御，死守城门，等待援兵，开封是不可能这么轻易地被金军攻下的。

靖康耻，刻骨铭心

金军占领了开封外城后，并没有马上继续作战，而是守着外城，虚伪地声称要与北宋议和。

钦宗果然中计，马上求和。完颜宗翰点名让徽宗去金营和谈，名义上是请求，实际则是命令。徽宗没有胆量去，无奈之下，钦宗只好代替他去了。结果钦宗在金军的营地里受尽了折磨，尝遍了耻辱。最终，金军还是攻入了城中。

金人在城中疯狂搜刮百姓财物，还四处抓捕妇女。不久，京城百姓被折腾得个个家徒四壁，一点值钱的东西都没有了。当时正值严冬，风雪一直笼罩着京城，百姓把所有能填肚子的东西吃完后，只能吃饿死的尸体，这让本来已经流传的瘟疫传播得更加迅速，京城里尸横遍野，惨不忍睹。

金国早已确定要消灭北宋。因此钦宗不管怎么卑躬屈膝地求和，还是于1127年春被金人废黜。随后，金人又逼徽宗等人去了金营，就这样脱掉了他的龙袍。

觉得城中再没有什么值钱的东西可搜刮后，金军开始撤退。走之前，他们一把火烧了城郊的很多房子，还屠杀了许多平民。

金军还带走了包括徽宗、钦宗、郑皇后、朱皇后、太子、亲王、驸马、公主和妃嫔在内的许多皇室成员，还有几名态度强硬的大臣，其中包括孙傅、张叔夜等人，并掳走十余万百姓。此外，宋廷各种珍贵礼器、稀有的古董文物、图画书籍等也被他们洗劫一空。

历史上把北宋的亡国称为靖康之耻，这场沉痛的灾难让后人永远难以释怀。

▶（宋）黑釉镶玉瓜棱罐
此罐器质地为瓷，型周正，古朴大方，呈瓜棱状，罐上镶玉，玉质优良，施黑釉，釉面光滑。

苏轼，字子瞻，号东坡居士，北宋时期著名的词人、诗人、散文家、书画家，豪放派的代表人物。这个旷世奇才不仅在诗、词、文、书、画等方面的造诣令人叹为观止，其独特的人格魅力更深深影响着后人。王国维对苏轼推崇备至，认为"三代以下之诗人，无过屈子、渊明、子美、子瞻者"。

公元960年~公元1127年
//////北宋王朝//////
一代文豪苏轼

仕途多舛，几经起伏

苏轼出身书香门第，父亲苏洵善诗文，苏轼自幼深受父亲影响，并受到儒家思想的熏陶。他读书很用功，希望将来能进入仕途，有所作为。1057年，苏轼赴京会试，与弟弟苏辙一同高中。主考官欧阳修对苏轼赞赏有加，从此苏轼名扬京城，踏上了仕途。

然而，苏轼的仕途并非一帆风顺，他入朝为官之时正是北宋出现社会危机的时候。苏轼一生经历仁宗、英宗、神宗、哲宗、徽宗五朝，这一时期，北宋政局变幻莫测，革新思潮不断涌现，党派纷争起伏不定，苏轼也身不由己地被卷入其中。

在充满波折的官宦生涯中，他曾多次被外放到地方。一次是因为在新法的实行上与王安石政见不和，自求外放，还有一次是高太后听政后，守旧派的司马光等人重新被起用，他也奉召回朝，但因不赞同完全废除新法，又遭到攻击，只得再度自求外调。

神宗朝，苏轼被外放到湖州做官，有人诬陷他作诗讽刺朝廷变法。此案由监察御史告发，后在御史台审理。因御史台自汉代以后别称乌台，所以此案被称为乌台诗案。幸好包括太后在内的多人向神宗求情，苏轼才得以保命。出狱后，苏轼被降职为黄州团练副使。

神宗去世后，年幼的哲宗继位，高太后听政。高太后去世后，哲宗亲政。为树立威信，哲宗重新起用新党，打击守旧派，苏轼再次受到牵连，被贬往惠州，后又被贬到儋州。苏轼不是表里不一、世故圆滑的人，他勇于坚持己见，对国家政务的看法"尽言无隐"。也正是因为这样，在政治斗争和党派混战中，苏轼始终"两边不讨好"。他的侍妾朝云也说他是"一肚皮不合时宜"。苏轼在任地方官时，关心百姓生活，兴利除弊，造福一方，百姓都非常敬爱他。任杭州太守时，苏轼组织民众疏浚西湖，并用挖出的泥在西湖旁筑了一道堤坝，也就是有名的"苏堤"。

◀苏轼像
苏轼，字子瞻，号东坡居士，北宋著名文学家。他在诗、文、词、书、画等方面均取得了巨大的成就，是中国历史上十分罕见的全才。

〉〉〉被囚禁的西夏惠宗复帝位。

◎看世界／佛罗伦萨城市共和国建立　　　◎时间／1115年　　　◎关键词／佛罗伦萨

◀苏轼《定风波》意境图

《定风波》是苏轼的一首旷达词，作于黄州谪所。全词借途中遇雨的生活小事，抒发了作者苦乐随缘、开朗达观的人生态度，展现了他的坦荡胸怀。词表面上是讲眼前之景，其实是写心中之事，抒发胸臆，言在此而意在彼，以小见大，富含哲理。全词言简意赅，不饰藻绘，却能够于简朴中见深意，令人回味无穷。

正地享受生活的乐趣，达到了"心安处是吾乡"的境界。

不平凡的人生经历和由此引发的思想转变让苏轼拓宽了视野，提高了思想境界，而他的创作风格也因此有所改变。他早期的作品文风豪放，后期则有所改变，题材更为广泛，境界也愈加深远。

刚被贬至黄州时，苏轼在《定风波》中写道："莫听穿林打叶声，何妨吟啸且徐行。竹杖芒鞋轻胜马，谁怕？一蓑烟雨任平生。料峭春风吹酒醒，微冷，山头斜照却相迎。回首向来萧瑟处，归去，也无风雨也无晴。"可见此时的苏轼已经感悟到"人生如梦"，心中的包袱已经放下，心情渐渐明朗。

心安处是吾乡

苏轼在多年的官宦生涯中饱受打击，尝尽辛酸，经邦济世的抱负没有得以实现。那些常人无法承受的挫折令他厌倦了阴暗险恶的官场，原本乐观豁达的他也不得不感叹自己的无力。后来，他开始崇尚老子和庄子的道家文化，并深受佛教思想启发，在精神上得到了解脱，谪居时也能真

之后被贬到儋州时，苏轼无所谓地告诉友人，这里"食无肉，病无药，居无室，出无友，冬无炭，夏无寒泉"，他没有对艰苦环境的不满和抱怨，反而还能抒发苦中作乐的情怀。这一时期，苏轼的作品文风质朴、清淡、豁然、空灵，他的文学造诣在他人生的最后阶段登上了新的巅峰。

▲（宋）苏轼书杜甫桤木诗

又称《书杜工部桤木诗卷帖》，是苏轼的一幅字帖，所用为行书，共有十九行，一百五十九字。此帖多用正锋，精神凝聚，结构圆熟，字形匀称，墨法颇具特色。

文传天下

苏轼是唐宋八大家之一，在古文运动中观点鲜明，成就卓著。

苏轼对散文的基本观点和欧阳修大体相同，但在具体操作上，他认为文学创作应"以意为主"，尤其应注重独创性、艺术性和个人风格。

在创作散文的过程中，苏轼不仅悟到"自其变者而观之，则天地曾不能以一瞬；自其不变者观之，则万物与我皆无尽也"的道理，更以胸中"一点浩然气"享受人生的"千里快哉风"，终达恬淡、旷达之境。

他的许多议论时政的散文文笔清晰流畅，结构跌宕起伏，极具说服力和感染力。他的随笔、游记、杂记、赋等作品，如《石钟山记》《前赤壁赋》，都带有强烈的个人感情和个人特色，文笔生动，风格飘逸，是其散文的最佳代表。

苏轼在词坛更是成就非凡。他拓展了词的题材、风格、意境和艺术手法，改变了以往词被视为"末道小技"的局面。他首创了慷慨豪壮、豁然旷达的词风，但作品中又不乏婉转含蓄的抒情佳作，可以说，他是豪放与婉约兼具的多面作家。

同时，作为一个诗人，他在领悟前人精髓的基础上，为宋诗的发展拓宽了道路。他的诗作不仅题材广，风格更是多种多样。

正是因为在诗、词、文等方面都取得了登峰造极的成就，所以苏轼文传天下，名垂千古。

▼（北宋）苏轼从星砚

砚色棕褐，砚侧及砚背有碧眍黄睛的长形石眼。砚面的墨池畔有一凸起的短柱，柱中心的石眼象征月亮，周围有浅雕隐起的云纹回绕。砚右侧则刻有相传为苏轼所写的短文。

〉〉〉北宋文学家苏轼被贬谪至
儋州。

沈括是北宋著名的天文学家、物理学家、地理学家、化学家、数学家、医学家、唯物主义思想家。他对军事也有研究，曾参与抵御西夏的战争。他的著作《梦溪笔谈》被誉为"中国科学史上的里程碑"，是我国和世界学术史上的瑰宝。可以说，沈括是历史上难得一见的通才。

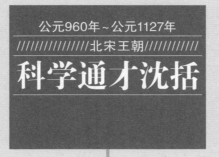

公元960年～公元1127年
//////////北宋王朝//////////
科学通才沈括

踏入仕途，造福百姓

沈括，字存中，1031年出生于钱塘。他从小勤奋好学，在母亲的指导下，他十四岁就读完了家中丰富的藏书。后来他跟随父亲去过不少地方，了解

▲（宋）《果老仙踪图》（局部）
本幅为宋人所画。画中张果老坐中间，皓首龙眉，褒衣博带，挂杖坐在盘陀石上。两侧为仙女，一个为宝鼎添香，一个手执如意。

各地人民的生活和生产情况，长了不少见识。

1054年，沈括凭父荫入仕，出任沭阳主簿，他的官宦生涯由此展开。沭阳地区常有水患，百姓深受其害。沈括任职后主持了治理沭水的工程。他带领群众修建了九道围堰和上百条水渠，不仅疏通了河道，解决了水灾隐患，还开垦出几千顷良田，大大推动了当地农业的发展，改善了百姓的生活。

1063年，沈括考中进士，成为上层官吏。他做事踏实勤勉、条理分明，皇帝非常看重他。在此期间，沈括积极参与变法，受到王安石的器重。他在朝时为皇帝排忧解难；出使辽国时成功地驳回对方的划界要求，收回了之前被占的土地；西夏进攻时，他坐镇延州，屡立战功。

科学研究，大放光彩

沈括是杰出的政治家、军事家和外交家，还通晓天文学、物理学、生物学、地理学、化学、数学、农学、医学、文学、音乐和卜算等。

为了更好地观测天象，他改造了浑仪、漏壶和影表等旧式的观测仪器，还改进了测影方法，制造出圭表，为我国天文学的发展做出了杰出的贡献。另外，他提出了比较科学的《十二气历》，但遭到了守旧派的极力反对，因而未得以颁行。

在物理学方面，沈括的研究成果颇丰。他的研究涵盖光学、磁学与声学等，在磁学领域成果尤为突出。沈括在《梦溪笔谈》中谈到了地磁偏角问题，这是世界上关于地磁偏角的最早记载。在光学领域，沈括经过反复实验，发现了小孔成像、凹面镜成像、凹凸镜的放大和缩小作用等原理。

沈括在化学方面也取得了一定的成就。"石

油"这个词是沈括首先使用的，他还预言"此物后必大行于世，自予始为之"。他还在《梦溪笔谈》中讲到了金属之间的相互置换，描述了硫酸铜和铁发生置换反应的现象，可见那时的人们就已经学会透过物质的表象探索其内部特性了。

在地理学方面，沈括根据太行山断崖有鹅卵石的带状地层，推断出太行山一带在远古时代是海滨，后来他又制造出了第一个立体地理模型。

沈括在数学方面也有精深的研究，他创立了隙积术和会圆术，提出了二阶等差级数的求和方法及由弦和矢的长度求弧长的近似公式。

沈括十分重视劳动人民的生产经验，为了探求知识，他虚心求访劳动人民，并认真详细地记载了他们的卓越贡献，他的详细记述使不少劳动人民的发明流传于世。

▼（北宋）定窑孩儿枕
定窑在今河北曲阳县，该地古名定州，故名定窑。定窑瓷器大都为白釉色泛黄呈牙色，技法灵巧熟练，线条流畅，作品生动活泼。这个瓷枕造型为婴儿侧卧于榻上，头微扬，双手交叉为枕，两脚弯曲，憨态可掬。

后有学者给予沈括极高的评价，称其为"中国科学技术史上最多才多艺的人物之一"。

《梦溪笔谈》，包罗万象

沈括有著作四十余部，《梦溪笔谈》是其最具代表性的作品。

《梦溪笔谈》内容广泛，资料详尽，被认为是百科全书式的经典著作。英国著名科学史专家李约瑟称其为"中国科学史上的里程碑"。从文学角度来看，《梦溪笔谈》通俗生动，说它是一本文字优美的散文集也不为过。

在自序中，沈括称之为《笔谈》，但后人为什么都称之为《梦溪笔谈》呢？原来，此书是沈括隐居在润州的梦溪园时写成的。相传，沈括年轻时经常梦见自己登上一座山，山顶"花如覆锦，而乔木蔽其上，山之下有水澄澈"。1077年，沈括到宣州做官，有个道人告诉他润州水土好，他就买下了润州的一块地。数年之后，他"至所买之地，恍然乃梦中所游，因号梦溪"。被贬官之后，他便一直隐居在梦溪，总结和整理自己一生的研究成果，写出了不少著作。所以人们称《笔谈》为《梦溪笔谈》，以示纪念。

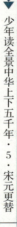

少年读全景中华上下五千年 5

—————— 宋元更替 ——————

南宋王朝///偏安一隅的政权

公 元 1 1 2 7 年 ～ 公 元 1 2 7 9 年

公元1127年~公元1279年
////////// 南宋王朝 //////////
宋高宗赵构

宋高宗赵构是南宋的第一代皇帝。他在靖康之变中侥幸逃脱，后来在南方登基。面对金兵的进攻，他一味投降求和。他害怕抗金力量的壮大会威胁到自己的统治，所以陷害忠良。他是个无德无能的皇帝，却又是个艺术造诣颇高的书法家。他的书法潇洒流畅，有魏晋气韵。

泥马渡康王

赵构是宋徽宗第九子，他的母亲韦氏并不受宠，所以他在皇子中地位也不高，甚至曾经被送到金国去做质子。相传他在金国做质子时，因为擅长射箭而被怀疑是冒名顶替的，所以金人将他释放，并要求宋徽宗送来真正的亲王做质子，赵构就这样幸运地逃过一劫。

靖康之变中，赵宋宗室几乎都被金兵俘虏，只有当时不在京城的赵构侥幸逃脱。于是，本来没机会登上皇位的赵构就在一些大臣的拥护下，顺理成章地当上了皇帝。

靖康之变前，京师受困，赵构当时任河北兵马大元帅，宋钦宗令其救援京师，但是他却没有按照宋钦宗的命令出兵救援，反而打着勤王的旗号拥兵观望。后来，金兵攻陷开封，挟持赵宋宗室北归。不久，赵构在南京应天府即位，改年号为建炎。

国土沦陷、父兄被掳的国仇家恨并没有激起赵构的斗志，金兵再次攻来时，他罢免了主战派的大臣李纲，仓皇逃往南方，很快就失去了中原的广大土地。金兵长驱直入，一路南下，逼得赵构从南京逃到扬州，又匆忙渡江逃往杭州，随后又逃往越州、明州、定海等地，最后甚至入海避难，在温州沿海漂泊了好几个月。

南宋民间流传着这样一个故事。金兵得知赵构即位，很快攻到扬州，赵构慌忙出城，藏身于江边的一个祠堂里。他发现祠堂里有匹马，于是骑马渡江，过江之后才发现自己骑的是泥塑马。这便是"泥马渡康王"的故事。

偏安一隅，不思进取

软弱胆小的赵构即位后，将国仇家恨丢到脑后，抛弃了仍在中原坚持抗战的广大军民，只顾着保命，一路向南逃窜。他一心想要投降求和，在南逃途中仍时时不忘向金国传达自己甘愿俯首称臣的意愿。

但赵构的乞和根本阻止不了金军的进攻，反而是

◀（南宋）建窑兔毫盏
造型为圆唇、深腹、饼形实足，胎色为深褐色，内外挂釉，釉层浑厚凝重，釉面光亮，布满纤如毫发的兔毫纹。

1128年

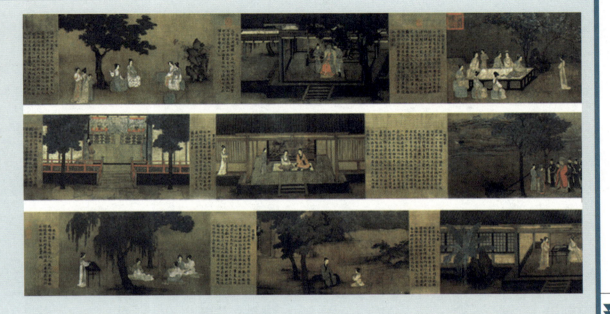

▲（宋）佚名《女孝经图》

此图在艺术技巧方面展现出了典型的宋代风貌，其流畅挺健的线条，准确洗练的造型，淡雅明快的色彩，无疑是继承了李公麟以来的人物画传统，并达到了相当高的水平。画中仕女或端庄，或活泼，其举止神态和面貌特点都被画家一一描绘了出来。

广大军民的浴血奋战屡屡大挫金军，使金军受到极大的牵制，并最终于建炎四年停止了进攻的步伐。

金军北撤之后，赵构到了杭州。杭州是鱼米之乡，漕运便利，水路交错，不利于金国的骑兵作战，这对渴望安逸的赵构具有巨大的吸引力。于是，赵构于绍兴二年（1132）正式定都杭州，南宋朝廷暂时获得了喘息之机。

金军虽已北撤，但仍觊觎着南宋的江山，随时有进攻的可能。与此同时，南宋境内的游寇已形成割据之势，农民起义军的力量也在不断壮大。

面对内忧外患的局面，赵构对金以求和为主，对内则全力镇压反抗。在向金军求和未遂的形势下，赵构也曾任用一些主战派将领抗金，并几次挫败了金军的进攻，但他只是出于自卫的目的，并不

想利用大好时机进行北伐。赵构频频派出使臣向金国求和，遭到了朝野上下的强烈反对。手握重兵的韩世忠、岳飞等主战派将领更向高宗明确表示，要收复失地，灭敌雪耻，绝不屈膝求和。

重用奸臣，迫害忠良

主战派反对议和，甚至提出迎请二圣（宋徽宗和宋钦宗）还朝的目标，赵构对此相当不满。他担心父亲和哥哥回朝后，自己的皇位不保，于是重用支持议和的秦桧等人，频繁与金国交涉，紧锣密鼓地处理议和之事。

后来，金国同意议和，但是故意"下诏"羞辱南宋，提出要高宗跪着接受诏书。贪生怕死的高宗居然恬不知耻地同意了，还振振有词地说自己的"牺牲"是为了保全百姓。朝廷内外闻讯后群情激奋，抗议运动更是达到了前所未有的规模。

高宗把提出反对的大臣都贬了官，但最后在朝廷内外的压力下，还是做了让步，下令让秦桧

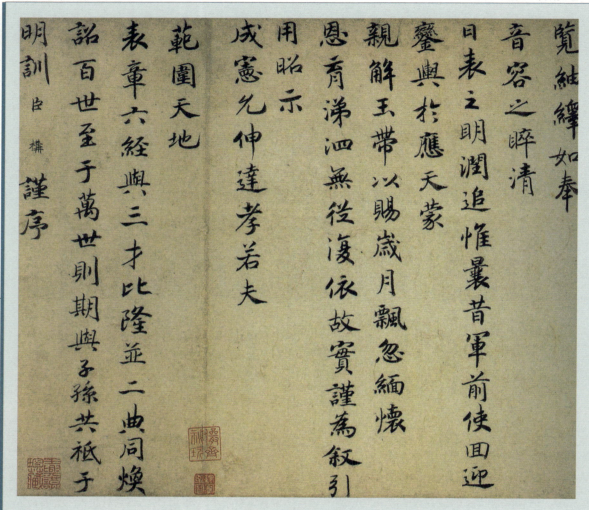

覽紳縟如奉音容之晬清日表之明潤追惟曩昔軍前使囘迎鑒興於應天蒙親解玉帶以賜歲月飄忽緬懷恩育涕泗無從復依故實謹為叙引用昭示成憲允伸達孝若夫範圍天地表章六經與三才比隆並二典同煥詔百世至于萬世則期與子孫共祗于明訓臣構謹序

▲宋高宗《徽宗文集序》

《徽宗文集序》是一篇序言，为宋高宗赵构晚年所作。通篇布局疏朗，字体匀称圆润，墨色清晰如新，其字飘逸潇洒而又不失典雅雍容，尽显一代君王落落大方的风韵。

等人代替他跪拜受诏。

赵构以为议和之事即将达成，从此可以安享太平了，而岳飞等人却仍想率军北伐。

赵构一方面担心激怒金国，招来战事，一方面害怕岳飞等人拥兵自重，威胁自己的统治，于是他开始秘密酝酿除去岳飞的阴谋。他先削夺了张俊、韩世忠和岳飞三名武将的兵权，然后纵容秦桧陷害、诬告岳飞。

结果岳飞因"莫须有"的罪名被赐死，南宋最终与金国签订了屈辱的绍兴和议。

此后，苟且偷安的高宗整日寻欢作乐，醉生梦死，毫不体恤百姓疾苦，反而以抗金的名义横征暴敛，欺压百姓，使百姓深受其害，痛苦不堪。

赵构贪生怕死，昏庸无能，在做了三十多年皇帝后，以厌倦政治为借口禅位于太子赵昚，后卒于1187年。

〉〉〉宋襄阳镇抚使李横率军北攻伪齐，攻占颍昌府，直逼汴京。

岳飞是南宋著名的抗金英雄，曾说过"武将不怕死，文官不爱钱，则天下太平矣"的名言。他曾平定叛乱，抗击金军，为南宋立下了汗马功劳。他治军有方，所率岳家军军纪严明，骁勇善战，令金军闻风丧胆。他文武双全，有数十首诗作流传至今。可惜，岳飞最终为昏君奸臣所害，含冤而死。

公元1127年～公元1279年
//////////南宋王朝//////////

抗金英雄岳飞

少年英雄，慷慨从戎

南宋政权建立后，高宗偏安一隅，而金国却撕毁宋金和议，大举进攻。在国家危亡之际，南宋涌现出许多抗金英雄和爱国将士，岳飞就是其中的杰出代表。

岳飞，字鹏举，出生于北宋末期。岳飞幼时家贫，家里不能供他上学，他就以沙为纸，以树枝为笔，苦学知识。传说他的母亲在他的背上刺了"精忠报国"四个字，而他也以此为一生的处世准则。在母亲的教育下，岳飞从小就胸怀大志，特别喜欢读兵书，如《左氏春秋》《孙子兵法》等。

岳飞天生勇力过人，少时曾学习枪艺，后又学习射箭，武艺高强，这也为他后来投身沙场做了准备。

青年时期的岳飞目睹了中原沦陷的惨痛事实。当时，不甘做亡国奴的人民纷纷奋起反抗，岳飞也站到了抗金的最前线。岳飞虽在抗金战争中屡建奇功，但始终不被上级赏识。后来他投奔宗泽，宗泽认为他是个将才，提拔他当

▶岳飞像
岳飞，字鹏举，相州汤阴（今属河南）人。他出身贫寒，二十岁应募参军，身经百战，屡建奇功，是南宋初期的抗金名将。

了将军，岳飞终于得到了重用，也从此因赫赫战功而名扬天下。

屡战屡胜，豪气冲天

岳飞治军有方，他所率领的岳家军"冻死不拆屋，饿死不掳掠"，而且骁勇善战，金军中流传着"撼山易，撼岳家军难"的说法。岳飞一生战功赫赫，他主持的最有名的战役包括牛头山大捷、收复襄阳六郡、郾城大战等。

1130年，完颜宗弼在黄天荡遭到韩世忠的阻击后，突围逃往建康。岳飞在建康牛头山扎营驻防，夜里令数百敢死先锋穿黑衣混入金营进行骚

▲颐和园长廊彩绘《岳母刺字》
传说岳飞的母亲姚氏曾在岳飞的背上刺"精忠报国"四字，以勉励他奋勇杀敌，收复河山。

扰，金军大乱，死伤无数。而后，岳飞又追击金军逃兵，消灭了留在南岸的所有金军。此战不仅收复了建康，还迫使金军北撤，暂时不敢渡江。

金国扶植的伪齐政权建立后，傀儡皇帝刘豫的伪齐兵与金军组成联军一同攻宋。宋军寡不敌众，襄阳六郡相继失陷。形势危急，岳飞带领岳家军浴血奋战，在三个多月内就收复了襄阳六郡。这次大战不仅大挫伪齐，使紧张的局势暂时得到缓解，还大大鼓舞了南宋军民的抗战决心。

绍兴十年（1140），完颜宗弼又率大军进攻。他得知岳飞在郾城驻防后，出动主力军突袭郾城，企图一举消灭岳家军。郾城大战是宋军与金军主力之间的大决战。完颜宗弼以三千重铠"铁浮图"为前锋，以一万五千多精骑"拐子马"布列左右两翼，而岳家军早有准备，用精锐步兵组成"盾牌军"，以重斧上劈敌胸，下砍马足，使得金军的数次攻击都被击退，最终四散溃逃。

郾城大战后，岳飞决定乘胜追击，而此时已逃到朱仙镇的完颜宗弼也重整旗鼓，准备再战。岳飞令岳云、张宪带领先锋部队与金军决战，取得大胜，金军伤亡无数，完颜宗弼的主力军受到重创。朱仙镇大捷使岳飞更加坚定了乘胜收复中原的决心，他对属下说："直抵黄龙府，与诸君痛饮尔！"

壮志未酬，含冤而死

岳飞在朱仙镇大败完颜宗弼后，高宗连发十二道金字牌催他回朝，他只得率军回朝。原来，宋高宗怕岳飞功高盖主，加上奸臣秦桧在一旁进谗言，所以宋高宗才会在这关键时刻发出如此荒唐的命令。岳飞回朝后被剥夺了兵权，他愤然感叹"十年之功，废于一旦"。此后，完颜宗弼又大举进攻，轻松夺回中原大片土地。高宗派秦桧乞和，完颜宗弼列出了"必杀飞，始可和"的前提。

为了与金议和，高宗命秦桧等人以谋反罪名将岳飞逮捕，岳飞坚决不认罪。韩世忠听闻此事，质问秦桧岳飞何罪之有，秦桧回答道："其事体莫须有（或许有）。"韩世忠气愤交加，叹道："'莫须有'三字，何以服天下！"但他当时已经被收回了兵权，所以对秦桧的无耻行径也无能为力。

1142年冬，岳飞父子及其部将张宪在杭州大理寺狱中被杀害，岳飞死前留下绝笔"天日昭昭，天日昭昭"。

岳飞一生精忠报国，未酬北伐之志却惨遭昏君奸臣陷害，但他崇高的气节却不会被人们遗忘，后人都以这位伟大的爱国英雄为榜样，他的忠勇精神是永远不会磨灭的。

南宋绍兴十一年（1141），宋高宗与金签订了绍兴和议。这份和议确定了宋金之间政治上的不平等关系，结束了两国长达十余年的战争状态，标志着宋金对峙局面的形成。但在1161年，金国单方面撕毁绍兴和议，再次大举进攻，企图一举灭宋。

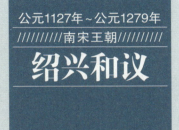

公元1127年～公元1279年

////////// 南宋王朝 //////////

绍兴和议

暂时停战，初步议和

靖康之变后，金国在淮北地区先后建立了伪楚、伪齐两个傀儡政权，企图"以汉治汉"。

伪齐政权较伪楚政权存在的时间久一些，但南宋军民对伪齐政权相当不满，加上伪齐军在与南宋的战争中频频失利，没有起到它该起的缓冲作用，所以渐渐成了金国眼中的累赘。

"以汉治汉"的政策没有达到预期的效果，而宋军又屡屡大挫金军，这让金国产生了暂时停战的念头。同时，南宋以高宗为首的投降派也想乘胜向金索要淮北的失地，并借此与金议和。

绍兴七年（1137），高宗借迎徽宗灵柩之机，派王伦出使金国，嘱咐他向金国提出议和，并晓以利害。金国本已有废除伪齐的想法，而今又得知了南宋议和的意愿，于是便于当年年底废黜了刘豫。王伦向高宗禀明形势后，高宗大喜过望，命秦桧为右相兼枢密使，抓紧时机处理宋金议和事宜。

绍兴八年（1138），王伦再度出使金国，转达高宗臣服之意。随后，金熙宗将伪齐原来管辖的河南地区归还南宋，并遣张通古等人随王伦到南

▶（南宋）永和窑虎斑罐

永和窑地处江西省吉安县永和镇，该地古属吉州，故又称吉州窑。永和窑以出产黑釉瓷和彩绘瓷为主，黑釉瓷中的各种釉斑、木叶纹、刻花和剔花等独树一帜，别具特色。

宋议和。很快，高宗贬谪了朝中反对议和的官员，令秦桧全权负责议和之事。不久，金使张通古随宋使王伦到达临安，张通古言语嚣张，要高宗跪拜受诏。

朝廷内外群情激愤，高宗迫于强大的压力，没有接受，遂以为徽宗守孝为由，让秦桧替他跪拜，接受金国国书。

根据和议，金将河南、陕西之地划归南宋，南宋向金称臣，交纳岁币。至此，南宋与金达成了暂时停战的协议。

撕毁协议，大举进攻

然而，好景不长，金国的主战派很快又占了上风。

1139年，主战派的完颜宗幹、完颜宗弼等人掌权，以谋反罪处死了主和派的完颜宗磐、完颜宗隽等人。

▲（南宋）陈居中 《四羊图》
此图描绘了四只山羊在坡地上打斗、观望等不同动态。全图用笔简练朴实，色调柔和但又对比鲜明。作者以大面积淡墨渲染出坡地，从而将天地区分开来，并很好地衬托了画面的主体。全图景物高低错落，画面富于变化，为陈居中的传世佳作。

　　1140年，金熙宗诏令完颜宗弼等人收复河南、陕西等地，彻底撕毁了之前的和议。

　　完颜宗弼率领东路军从黎阳一路南下，宋军节节败退，金军顺利攻克东京开封府等地。当金军行至顺昌府时，大将刘锜和知府陈规奋力守城，大败金军主力，完颜宗弼只得撤兵，退回开封。

　　在东路军攻进河南的同时，西路的金军从河中强渡黄河，进入同州，攻陷永兴军，直趋凤翔，陕西很多地区被金军攻陷。宋军奋勇抗敌，屡挫金军，挽救了全陕的危局，守住了通往西南地区的要地，使金军不能占领西南。

　　高宗虽然也令武将积极迎战，阻挡金军，但他只是为了自保，并没有夺回失地的念头。当岳飞准备进军中原时，高宗却派人传旨给他，要他回朝。岳飞坚决不从，率领岳家军分路出发，很快就收复了颍昌、陈州、郑州等地，接着又攻下洛阳，并在郾城大挫完颜宗弼。溃败的金军慌慌张张地退往颍昌，又遭宋军阻击。岳飞在河南战场连战连捷，令南宋军队士气大振，而金军主力受到重创，打算暂时北撤。

　　抗金战场上捷报频传，而高宗却担心若北伐成功，钦宗归来会威胁自己的皇位，若北伐失利，则会得罪金国，影响和议。

　　于是，在金军退归淮河北岸后，高宗又与秦桧等人开始谋划求和之事，各路宋军只得奉旨撤兵。刚刚收复的中原大地再度失陷，岳飞北伐的愿望也彻底破灭了。

　　1141年初，完颜宗弼乘各路宋军撤兵之机，又亲率大军渡淮，大举进攻。金兵主力在柘皋镇遭到部署周密的宋军的阻击，伤亡惨重，只得放弃渡江的计划。

再次议和

　　高宗害怕武将势力崛起，会对皇权构成威胁。因此，金军撤兵后，他就开始削夺武将们的兵权。

　　高宗将韩世忠、岳飞等人召回朝廷，表面上是升了他们的官，实际上是收回了他们的兵权。后来，高宗又与秦桧一起以"莫须有"的罪名害死了岳飞。这样一来，朝廷的主战派就不敢再阻碍宋金议和了。

　　绍兴十一年（1141）秋，南宋派魏良臣为禀仪使赴金。之后，金以萧毅、邢具瞻为审议使，随魏良臣入宋，提出议和的具体条件。

　　最终，宋金达成协议：宋向金称臣，金册封康王赵构为南宋皇帝；两国东以淮河中流为界，西以大散关为界，南属宋，北属金，宋割唐、邓二州及商、秦二州之大半予金；宋每年向金纳贡银二十五万两、绢二十五万匹，自绍兴十二年开始，每年春送至泗州交纳。

　　南宋与金订立的这一和约史称"绍兴和议"。对南宋来说，绍兴和议是一个丧权辱国的不平等条约。

　　此条约签订后，宋金结束了战争状态，形成对峙局面，维持了相对和平。

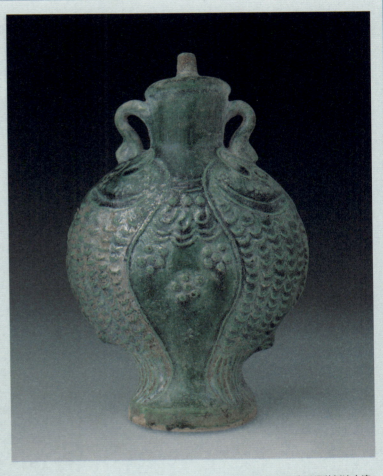

▲（金）定窑系绿釉倒流水滴
此器外饰浮雕双鱼纹，自肩部向颈部起饰双耳。胎质细腻，手指弹敲器身，金器回响声悠扬悦耳。底足内缘有小孔，水从该孔注入，由器顶滴孔滴出，构思奇巧，器形优美，为宋金时期定窑的罕见之作。

◀（宋）梅子青釉三足炉
这个三足炉是宋代龙泉窑的典型器物，釉色呈梅子青色，造型典雅大方，为龙泉窑的上乘之作。

公元1127年～公元1279年
/////////// 南宋王朝 ///////////
遗臭万年的秦桧

秦桧，南宋大奸臣，因陷害主战派爱国将领岳飞等人而遗臭万年。他任南宋宰相十八年间，独揽大权，屡兴大狱，残害忠良，竭民膏血。后人将他的跪像铸在岳飞墓前的铁栅栏里，供万人唾骂。

投敌叛国，金国内奸

秦桧，字会之，江宁人，1115年进士及第，此后扶摇直上，官至南宋宰相。秦桧精通历史，深谙文墨，博闻广识，理智而机敏。

金未破开封前，秦桧坚决主张抗金。后来，徽宗和钦宗被金人俘虏，金国要扶植张邦昌为傀儡皇帝，秦桧表示反对，因此被金人捉去，同去的还有他的妻子王氏。在金国，秦桧通过各种手段，逐渐成了完颜昌的亲信。攻宋频频失利后，金国就放秦桧和妻子回到南宋，让他劝南宋投降。

南宋在秦桧回国前，曾多次遣使与金国商量议和之事，但同时也在积极防御。秦桧回国后，宋高宗就完全把心思放在议和上了。秦桧向高宗提出了"南人归南，北人归北"的主张，这相当于要南宋放弃抗金，把北方的土地全部送给金国。秦桧又交给高宗一份致金帅完颜昌的"求和书"，高宗觉得秦桧"忠朴过人"，对他颇为赏识，封他为礼部尚书，不久升为副宰相，半年后又升为宰相兼枢密使，让他掌控了南宋的军政大权。

手段毒辣，打击忠良

当时，主战派大臣和全国军民对议和的政策相当不满。为了扫除不利于投降的障碍，秦桧独揽大权，迫害忠良。他曾离间反对议和的宰相张浚和赵鼎，使这两人均被排挤。枢密院编修官胡铨曾请求高宗斩秦桧以谢天下，马上就遭到了秦桧的报复，被贬到昭州。有的大臣上书支持胡铨，结果也被秦桧贬到了偏远山区。

秦桧用毒辣的手段残害异己，株连无辜，甚至连平民也不放过。他开门纳贿，卖官鬻爵，富可敌国却仍不满足，还要横征暴敛，霸占田产。在他

▼（南宋）秦桧《偈语》局部
秦桧虽是佞臣，却博学多才，书法颇有造诣。他用笔率意自然，松脱舒畅，写字顺势而就，不滞不板。

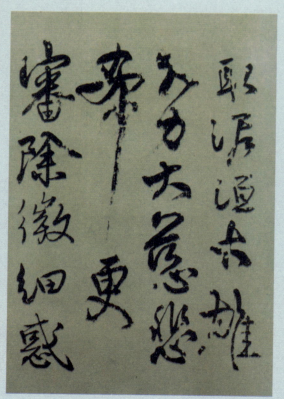

▲岳飞墓前的秦桧夫妻跪像

岳飞墓位于杭州西湖边的栖霞岭下，墓前为奸臣秦桧等人的铁铸跪像。后人有诗曰："青山有幸埋忠骨，白铁无辜铸佞臣。"

▲（南宋）李唐《村医图》

《村医图》描绘走方郎中为村民治病的情形。《村医图》的艺术表现手法比较纤巧清秀，人物描绘用笔细劲精致，毛发晕染一丝不苟，造型特征准确，各有特点，表明作者对生活有过深入的观察和丰富的体验。

掌权期间，南宋朝臣朝游暮宴，安逸享乐，抗战之心渐失。

最终，秦桧除掉了所有不利于宋金议和的力量，促成南宋与金国签订了丧权辱国的绍兴和议。

跪拜忠魂，遗臭万年

人们本来就对秦桧的行为相当不满，岳飞被害后，对他更是恨之入骨，并用各种方式表达对秦桧的痛恨：元朝的百姓把秦桧的坟叫"遗臭冢"，在他的坟前便溺；明朝时，人们于岳飞墓前种桧树，一劈为二，名曰"分尸桧"。

关于秦桧夫妇的跪像，还有一个民间故事。相传有个姓秦的浙江巡抚觉得秦桧夫妇的跪像令自己蒙羞，就派人乘夜将其扔进了西湖。第二天，西湖变得臭气熏天，人们发现岳飞坟前的跪像也不见了，便要求官府调查此事。谁知，跪像不久就浮出了西湖水面。当人们把跪像放回岳飞坟前后，西湖顷刻间不臭了，人们都觉得是秦桧这个败类玷污了西湖。

所谓的正名

时下有一种让秦桧"站起来"，即为秦桧平反的说法。支持为秦桧正名的人认为秦桧完全是宋高宗的替罪羊，议和、跪接金国国书、打击主战派将领、迫害岳飞，等等，其实都是高宗的意思，因为高宗胆小懦弱又贵为一国之君，很多事不好亲为，所以都让秦桧代劳了。

其实不然，如果说身为臣子的秦桧是代皇帝受过，他自己完全没有错的话，那又该怎么评价历史上那些出淤泥而不染的名臣良将，以及那些危急时刻挺身而出的爱国英雄呢？

秦桧手握朝廷大权，不但没有力图富国兴邦，反而操纵权柄，残害忠良，压榨百姓，还让南宋向金国屈膝投降，俯首称臣，这种误国误民的臣子怎么能算贤臣呢？因此，根本没必要、没理由为他正名。

公元1127年～公元1279年
//////////////南宋王朝//////////////
南宋权臣韩侂胄

韩侂胄是南宋权臣，因拥立宁宗有功而受到重用，但他结党营私，打击政敌，抨击理学，迫害理学人士，因此不得人心。后来，他为了改善自己的形象而出兵北伐，结果遭到失败，自己也被政敌史弥远谋杀。北伐结束后，南宋与金国再次议和。

▼（南宋）国子监刊本《礼部韵略》
宋代国子监掌管图书的出版工作，所刊印之书通常校对精良，字体严整。这版出自南宋国子监的孤本着墨精湛、卷帙完整，是稀世珍品。

排挤赵汝愚，庆元党禁

韩侂胄，字节夫，相州安阳（今河南安阳）人，是北宋名臣韩琦的曾孙。他因恩荫制度踏入仕途，后来因拥立宋宁宗有功而受到重用。

当初，太上皇孝宗去世时，皇帝光宗居然不肯执丧，朝臣都不知如何是好。时任枢密使的赵汝愚认为自己身为赵宋宗室的后代，有维护皇族利益及礼教伦常的责任和义务，遂决意拥护皇子赵扩登基。韩侂胄的母亲是太皇太后的妹妹，所以赵汝愚就让韩侂胄说服太皇太后出面主持禅位一事。太皇太后被韩侂胄说服，赵扩遂经内禅仪式登上了皇位，是为宋宁宗。光宗则退位为太上皇。

宁宗封拥立有功的赵汝愚为宰相，赵汝愚也酬赏有功之人。但是，赵汝愚只重用崇尚理学之人，本应受到提拔的韩侂胄因为不属于此派而被冷落了。

韩侂胄当然心有不甘，他恨透了赵汝愚，一心想要打击报复。后来，才智过人的韩侂胄还是得到了宁宗的赏识和提拔。他得势后，马上拉拢曾与赵汝愚有过节的人，组成了自己的小帮派，计划打击赵汝愚。

宁宗身边的侍讲朱熹发现了韩侂胄的异常活动，曾多次暗示宁宗不能太信任韩侂胄，结果被韩侂胄知道了，韩侂胄就故意找机会羞辱朱熹。朱熹当时是理学的权威，理学派官员都对韩侂胄的行为十分不满。朱熹请辞后，理学派官员都请求宁宗留下朱熹，但最终朱熹还是还乡了。

朱熹离开朝廷后，韩侂胄进一步实施他的计划。他上奏宁宗，称赵汝愚以宗室之亲担任宰相，不利于社稷安定，迫使赵汝愚被罢相。接着，他又说朱熹的学说是伪学，支持伪学的都是逆臣。理学派当然不会放任韩侂胄大放厥词，马上与韩侂胄一派展开了激烈的争吵和辩论。两派相互攻击，朝廷一片混乱。

庆元三年（1197），在韩侂胄的推动下，宋宁宗下了一道诏令，宣布：理学为伪学，全国范围内

〉〉〉著名女词人李清照卒。李清照工书能文，通晓音律，以词著名，兼工诗文，并著有《词论》，在中国文学史上享有崇高声誉。

◎看世界／《法莱尔条约》　　　◎时间／1174年　　　◎关键词／狮子威廉

▶（宋）马远《小品册第三·梅月》

马远，字遥父，号钦山，南宋杰出画家，活跃于光宗、宁宗时期。《梅月》出自他的小品册第三开，其主题是"暗香浮动月黄昏"。整幅图技法高超，以金黄渲染月光，既能突出明月也符合现实背景。用淡青绘天，在横向留下三道白云，更使整幅图显示出一种沉静而富有意趣的气质。

禁止传播；赵汝愚、朱熹、彭龟年等五十余人是伪学逆党，其中已故的追夺其官爵，在世的被革职流放；剥夺所有理学派学生的科举考试资格，若有同情者一并处置；严禁传播及讨论理学思想。

这就是南宋历史上著名的庆元党禁。韩侂胄借此扫清了所有政敌，此后，他扶摇直上，权倾一时。

出兵金国，开禧北伐

韩侂胄的党禁满足了自己的报复心理，但是却根本不得人心。士大夫阶层是宋朝统治阶级的基础，党禁有损他们的利益，所以社会舆论大都偏向理学派。迫于各方压力，韩侂胄几年后就撤销了党禁，但当时的人们还是认为他是个奸臣。

为了改善自己的形象，他追封岳飞为鄂王，追夺秦桧的王爵，将其谥号改为谬丑。

为了进一步争取民心，改善自己的处境，他决心把人们的注意力转移到国家大事上来。改革内政风险太大，他怕自己落得跟范仲淹、王安石一样的下场，所以不敢尝试，于是就想到了北伐。

韩侂胄重用支持北伐的人，重新激起了军民的抗战决心，北伐大业顺利地展开。

此时，金国残暴的统治导致国内局势不稳，北方地区频频发生反抗金国统治的战争，各族人民不堪忍受压迫，起义和暴动不断。淮北地区的流民想要渡淮归附宋朝，边境的百姓更时不时地为宋军提供金国的情报。金国可谓内忧外患，风雨飘摇。

于是，韩侂胄认为北伐的时机已经成熟，遂于开禧元年（1205）出兵北伐。

宋军兵分东、西、中三路，初战告捷，攻下了

◎看世界／鹿谷阴谋事件　　　　　◎时间／1177年　　　　　◎关键词／日本鹿谷

泗州，但后来又因盲目冒进而被金军击溃。不久，四川的守将吴曦主动投降，被金国封为蜀王，这大大地削弱了宋军的实力和士气。之后，宋军频频失利，两淮地区也几乎都被金军攻占。

南宋败局已定，韩侂胄只能向金国提出停战议和，谁知金国不仅提出更过分的割地及赔款要求，而且还一定要得到韩侂胄的首级。

韩侂胄闻听此言，大怒，马上拿出自己的二十万财产充当军费，誓要与金军死战到底。

城外被逐，死于政敌之手

南宋朝廷对金国的畏惧似乎已根深蒂固，北伐一失利，主和派便马上想要投降。

但韩侂胄却坚持再战，于是任礼部侍郎的主和派大臣史弥远勾结宁宗的皇后杨氏弹劾韩侂胄。他们以北伐耗费物力、祸国殃民为由指责韩侂胄，但宁宗却支持韩侂胄，没有治他的罪。

杨氏想起韩侂胄曾反对自己做皇后，遂产生了秘密杀掉韩侂胄的念头。开禧三年（1207）秋，在杨氏的协助下，史弥远指使夏震等人将韩侂胄绑架，并带到玉津园的夹墙内暗杀，又把他的人头献给了金国。

随后，南宋与金签订了嘉定和议。

南宋此次北伐失败，主要有三个原因：一是南宋没有为北伐做好充分的准备，以当时的条件来看，主动出击并战胜金国的把握并不大；二是韩侂胄指挥失误，他盲目轻敌，错用战术；三是韩侂胄被谋杀，北伐失去了领袖。

韩侂胄执政十几年，权倾一时，他率兵北伐，出资援军等行为是值得肯定的。但是，他为了打击政敌而挑起朝廷的党派之争，还抨击理学，迫害理学派人士，因此免不了招来骂名。

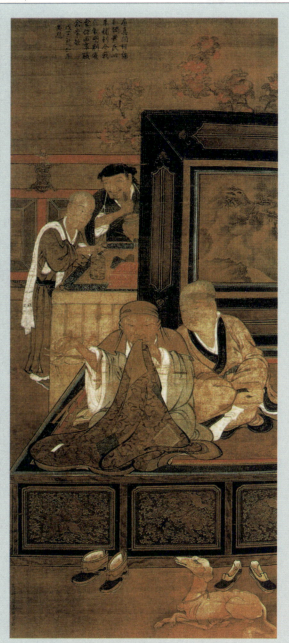

▲（南宋）刘松年《补衲图》

刘松年因居于杭州清波门，故有刘清波之号。此画风格工整细润，人物、动物用笔细致爽利，转折自如。画中有一老僧坐禅榻上，手拿针线，亲自补缝衣服。旁边的年轻僧人则专注地注视老僧，目光中充满了对师父的崇敬。

襄樊之战是宋元战争中具有重要意义的战役，这次战役以宋军的投降而告终。元军于1273年攻下樊城和襄阳，打开了南下的大门，从此长驱直入，几年后便灭亡了南宋。

公元1127年～公元1279年
////////// 南宋王朝 //////////
襄樊之战

攻宋"宜先从事襄阳"

襄樊位于湖北省北部，汉水中游，是襄阳、樊城两城的合称，"跨连荆豫，控扼南北"，是兵家必争的战略要地，也是南宋的边陲重镇。

绍兴四年（1134），岳飞曾收复襄阳六郡，此后他马上修建防御工事，驻军防守，使襄阳成为南宋阻挡金军进攻的军事要塞。

咸淳三年（1267），投降元军的南宋将领刘整向忽必烈献策，说要攻南宋就要"先攻襄阳，撤其捍蔽""无襄则无淮，无淮则江南唾手可下也"。忽必烈参考刘整的建议，开始了对南宋的战略部署。根据刘整的提议，忽必烈以重金贿赂

南宋荆湖制置使吕文德，遂得以在襄阳城外设交易榷场。而后，忽必烈又以防盗、保护货物为由，要在襄阳城外围筑土墙。毫无警觉性的吕文德应允了。于是忽必烈就派人在襄阳城的东南筑造土墙，土墙内建造堡垒，就这样建立起了首个包围襄阳城的据点。

刘整再次提出攻宋的策略后，元军便开始了对襄阳城的战略包围，先在襄阳城的东南和东北筑堡垒，以拦截援襄的宋军，又在襄阳城的西部筑长围，在南面筑城，将各堡连接起来，以彻底阻断襄阳城与西北及东南地区的联系。

这一时期，元军在襄阳城外围建立了十余处据点，使襄阳城成了一座被围困的孤城。

▼襄阳古城墙

襄阳城雄踞汉水中游，城池始建于汉，周长约7.6千米，护城河最宽处达250米，自古就有"铁打的襄阳"之说。南宋末年，蒙古军队围困襄阳长达六年，终于攻破城池，揭开了大举灭宋的序幕。

〉〉〉金主完颜亮敕令撤销中书、门下两省，只设尚书省主管朝廷政务。

◎看世界／萨拉丁包围十字军　　　　◎时间／1187年　　　　◎关键词／太巴列湖西岸

▲（南宋）李嵩　《骷髅幻戏图》

本图表现的是宋代市井木偶表演的一种——悬丝傀儡戏。画面中一大骷髅席地而坐，用悬丝在操纵着一个小骷髅。骷髅旁有一副担子，担上有草席、雨伞等物，骷髅身后有一哺乳婴儿的妇人，显然是他的妻子。全画表现了傀儡戏艺人携妻带子四处奔波的艰辛生活。骷髅骨骼画得比较准确，表现了画家对人体骨骼的了解，画面简洁流畅，技巧熟练。

元军本以铁骑闻名，水战是不如南宋的。可是为了攻灭南宋，元军就必须在水战上取得优势，于是忽必烈命刘整造战船，训练水军。刘整造船舰五千艘，并加紧训练水军，终于组织起一支可与南宋水师抗衡的水军，扭转了之前水战处于劣势的局面，为大举进攻南宋做足了准备工作。

吕文焕反包围战

元军完成了对襄阳城的战略包围，并建立起了一支颇具规模的水军，在战略上已处于优势地位。南宋政府为挽救危急的局势，展开了反包围战和援襄之战，襄樊之战由此拉开序幕。

咸淳三年（1267），南宋派吕文焕驻守襄阳，抵御元军的进攻。次年，为攻破元军东南及东北的堡垒，吕文焕命宋军主动出击，结果宋军大败，伤亡惨重。

咸淳六年（1270）春，吕文焕派兵攻打万山堡，宋军因被困多时，士气低落，再次战败。同年秋，范文虎率领水军援襄，宋军不敌元军的水陆大军，范文虎逃遁。

咸淳七年（1271），范文虎再度援襄，元将阿术率兵迎击，宋军战败，损失战船一百余艘。

宋军与元军在襄阳城外围的战争持续了三年多的时间，但因元军包围之势已经形成，而宋军援襄没能成功，所以襄阳城的守军根本无法取得反包围战的胜利。

宋军败局已定，只能勉强坚守。

少年读全景中华上下五千年·5·宋元更替

南宋王朝·偏安一隅的政权

〇八二

〉〉〉宋廷下诏禁止妄议边事，否则处以重刑，目的在于压制抗战派，继续推行投降路线，以讨金人欢心，偏安江南。

张贵张顺援襄之战

咸淳八年（1272）春，元军调整战略，向樊城发起总攻，襄樊之战正式打响。

很快，元军攻破樊城城郭，增筑围墙，宋军只好困守内城。不久，平民张顺、张贵率领从周围地区招募来的民兵三千余人，运送大批物资赶往襄阳，参加战斗。张顺、张贵亲自率领民兵向元军强攻。民兵士气高涨，先用强弩射击敌舰，再以大斧砍杀敌军，终于突破重围，元军死伤无数。

此时，襄阳已经被围困了五年之久，援军的到来给城内的军民带来了希望。张顺在战斗中牺牲，襄阳军民无比沉痛地安葬了这位英雄，并为他立庙。

虽然援军成功抵达襄阳令军民大受鼓舞，但此时元军封锁依然相当严密，形势不容乐观。

张贵派人联络范文虎，计划南北夹击元军，由范文虎率五千精兵驻龙尾洲接应，张贵率军与范文虎会师，打通襄阳城外围的交通线。联络人临

行前，张贵发现计划已经泄露，于是果断地改变方案，乘夜杀出了重围。张贵的舰队接近龙尾洲时，远远看见大批军船，误认为是范文虎的军队，走近才发现是元军，结果两军短兵相接，展开了激战。张贵的军队因刚杀出重围而疲惫不堪，伤亡惨重，张贵力不能支，被元军俘获后杀害。

吕文焕合葬了张贵与张顺，立庙祭祀这两位英雄。他们的英勇无畏和爱国精神不仅深深打动了当时的人，更为后人所敬仰和传颂。

最后的战役

元军为了尽快攻下襄樊，采取了分割围攻的战术，认为只要攻下了樊城，襄阳便会不攻自破。

咸淳九年（1273）初，元军从东北、西南方向对樊城发动总攻。元军先毁掉了樊城与襄阳之间的通路，使襄阳的援兵无法救援，然后用回回炮猛攻樊城，樊城守军寡不敌众，樊城失陷。

随后，元军攻打襄阳城，同时劝降吕文焕，并要胁说投降可保全军民性命，不投降则屠城。

眼见得不到朝廷的援救，吕文焕只好投降元军，历时近六年的宋元襄樊之战结束。

南宋都城临安在襄樊陷落之后不久就被元军攻破了，又过了三年，南宋流亡政权走向了灭亡。

襄樊之战是南宋末年最激烈、持续时间最久的战役之一。在这场战役中，南宋军民团结一致，奋力御敌，他们保家卫国的精神为后人所敬仰。

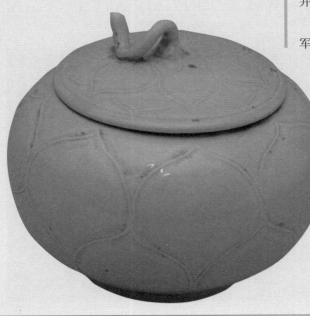

◀（宋）定窑白釉莲纹盖罐
此罐胎白质坚，釉白莹润泛青。造型为子母口，盖为花蒂钮，盖顶划菊纹，盖内无釉，短颈，斜肩稍鼓，饰菊纹，鼓腹圆收，刻三叠仰莲纹，矮圈足外撇。

贾似道是南宋末年权倾一时的大奸臣。他通过裙带关系攫取高位，独揽大权于一身，欺上瞒下，祸国殃民，其所作所为令人不齿。他精通斗蟋蟀之法，著有《促织经》，这是我国第一本关于蟋蟀的著作，他也因此被人称为"蟋蟀宰相"。贾似道最终摔死在厕所里，了结了堕落的一生。

公元1127年～公元1279年
/////////////南宋王朝/////////////
"蟋蟀宰相"贾似道

的贤才，理宗不经查证就屡屡提拔贾似道。贾似道从此平步青云，几年时间内先后升任湖广统领、户部侍郎、京湖制置使、参知政事等，最终成为权倾内外的重臣。

裙带关系，官运亨通

贾似道，字师宪，台州人。他的父亲曾做过官，但在贾似道小时候就病逝了。宋朝有恩荫制度，高官或立过大功的官员的子孙会被授予一定的官职。因此，贾似道成年后便当上了嘉兴司仓。

后来，贾似道同父异母的姐姐被选入宫，并受到宋理宗的宠爱，被立为贵妃。

贾贵妃总在理宗面前夸赞贾似道是不可多得

领兵打仗，"再造之功"

正当贾似道官运亨通、一路高升之时，南宋边境却不断遭到攻击。

开庆元年（1259），忽必烈派兵围攻鄂州，贾似道奉旨带兵出征。他既没有指挥才能，更缺乏作战勇气，贪生怕死的他根本顾不上国家利益，

▼（宋）钱选《浮玉山居》
钱选，字舜举，号玉潭，宋代画家，活跃于宋理宗时期，善画山水，为"吴兴八俊"之一。《浮玉山居》是钱选的代表作之一。图中山峦分三组，山势峻峭。湖上烟雾蒙蒙，山坳白云缭绕，更有用简笔点缀的茅舍、渡舟、小桥、老翁等，一派江南水乡的秀妍景色，使观者不由遐想起隐居者的悠然生活。

〉〉〉金海陵王下令撤上京留守衙门，罢上京称号。

竟偷偷遣使臣向敌军求和。

忽必烈本来不同意议和，但是突然传来大汗蒙哥战死的消息。忽必烈为了尽快赶回去争夺汗位，便与贾似道签了议和的条约。

贾似道回朝后谎称自己经过苦战取得了胜利，却只字未提与蒙古议和的事情。理宗深信不疑，认为贾似道劳苦功高，于是封他为卫国公。贾似道就这样堂而皇之地立下了再造之功。

为了进一步将朝政掌握在自己手里，贾似道为理宗搜罗了大量的美女和艺伎。理宗觉得贾似道对外可以御敌，对内也能处理政事，便放手让他掌管朝政，自己则完全沉溺于享乐之中。

欲壑难填，终有报应

理宗去世后，宋度宗登上帝位。他精明干练，即位后亲自处理政事，也确实做了几件好事，使朝野上下为之一振。

此时，贾似道的权力受到了限制，一些大臣甚至上书弹劾他。狡猾的贾似道便假装弃官隐居，同时命亲信从前线假传蒙古军大举进攻直逼都城临安的情报。

度宗闻讯后决定抵抗，可是朝臣中居然没人敢率兵出征。无奈之下，度宗派人请贾似道出山。贾似道却推说身体抱恙，拒绝出征，直到度宗尊他为太师，并加封他为魏国公后，才假惺惺地应承下来。

贾似道煞有介事地去前线逛了一圈，然后回朝报告说是虚惊一场。尽管如此，被蒙在鼓里的度宗还是觉得贾似道危急时刻能为国分忧，是可用之才，而满朝文武却无一人可用，实在令人失望。

从此，度宗失去了治理朝政的热情和信心，把权力交给贾似道，自己则整日纵情声色。

由于酒色无度，度宗壮年时就病死了，年仅四

▶（南宋）官窑贯耳瓷瓶
南宋官窑专门烧制官廷用瓷，它出产的瓷器胎细釉润，色青而又略带粉红色，釉有深浅之分，有蟹爪纹开片和紫口铁足等特征。贯耳瓷瓶是南宋官窑最富特色的器型之一。

岁的恭帝即位，由太皇太后谢氏听政。

不久，蒙古军一路南下，直逼都城，贾似道无法推托，只好上阵。他率十三万精兵从水路来到安徽，可是却一心只想着议和。他给元丞相伯颜献礼，请求他接受南宋割地赔款的议和条件，但伯颜拒绝了他，仍然率兵出击。贾似道根本没有抵抗就乘船逃走了，南宋军队乱成一团，损失惨重。

贾似道回朝之后，还装出一副内疚自责的样子。可是，随着蒙古军一路南下，他之前的那些丑事也开始被揭发出来，群臣纷纷趁机揭露他的恶劣行径。迫于压力，谢太后只得将贾似道贬到偏远的广东一带。

贾似道曾经迫害过郑虎臣的父亲，郑虎臣想借机为父报仇，于是主动申请押送贾似道去贬所。

一路上，郑虎臣不断诱导贾似道自杀，可贾似道就是不肯。郑虎臣一怒之下把他摔死在了一间厕所里。

贾似道是一个祸国殃民的大恶人，他一生的恶行反映了南宋末年政治的腐败，也推动了腐朽的南宋王朝进一步走向衰亡。

〉〉〉金正式铸造铜钱"隆元宝"。隆元宝是仿北宋大观平钱制作,质地精良,文字俊秀,楷书钱文旋读,边廓整肃,光背无文。

1157年

◎看世界/德皇身亡　　　　　　◎时间/1190年　　　　　　◎关键词/腓特烈

文天祥是南宋著名的抗元将领,伟大的爱国英雄。他一生以国家利益为重,积极参战,抗击元,后来战败被俘,最终舍生取义,以身殉国。作为一个文人,他的传世之作也体现出他伟大的爱国精神,人们赞他"名相烈士,合为一传,三千年间,人不两见"。

公元1127年~公元1279年
//////////////南宋王朝//////////////
浩然正气文天祥

元。

当时正值混乱的南宋末年,朝廷不思进取,政治腐败。1274年,元朝丞相伯颜率二十万大军攻下战略要地襄樊,从此长驱直入,不到两年时间就逼近临安。文天祥在国家民族危机重重的关键时刻挺身而出,毅然投身战斗,力图扭转南宋濒临灭亡的局势。他相信"义胜者谋立,人众者功济,如此则社稷犹可保也",想要带动更多的人投身于保家卫国的大业中。

南宋状元郎

文天祥,原名云孙,字履善,又字宋瑞,号文山,吉州庐陵人,南宋抗元将领,伟大的爱国英雄和诗人。

文天祥从小就珍惜时间,勤学苦读,十八岁时取得庐陵乡试第一,二十岁时就读于吉州白鹭洲书院,并因成绩优秀被选为吉州贡士,后来在父亲的陪同下到临安应试。他在殿试时针砭时弊,并提出了自己的想法和建议,主考官称赞他"忠君爱国之心坚如铁石",宋理宗对他表现出来的爱国热情和远大抱负也深表赞赏,将他定为状

独柱擎天力弗支

元军大举进攻临安时,宋恭帝年龄尚小,由太皇太后谢氏听政。谢氏不谙军事,只好发出"哀痛诏",检讨自己执政过失的同时,号召南宋军民勤王。

文天祥接到诏书后,悲痛不已,他将自己的家产全部捐出充作军费,迅速招募义兵勤王。他很快就组织了一支近万人的义军赶往临安勤王,一路费尽周折。当时南宋的满朝文武已经无人可用,

◀（宋）钧窑玫瑰紫釉花瓣洗

此洗为菱形花式口,折沿,浅弧壁,洗心平坦,下承三个如意头足。器壁里外有凸起或凹进的直线纹,与口沿相随形,构成多曲菱花瓣状。通体施以钧釉,海棠红、玫瑰紫、天青等色相间错落,宛如天空中的彩霞般变幻多姿。釉色、器型达到了完美的和谐统一,给人以美的享受。

〉〉〉完颜亮立通济监，仿照宋朝币制铸造流通货币。

◎看世界／萨拉丁攻陷耶路撒冷　　　　◎时间／1191年　　　　◎关键词／萨拉丁

▲（宋）文天祥 玉带生砚

玉带生砚是南宋抗元英雄文天祥非常珍爱的一方砚台，它产自广东肇庆端溪，是端砚中的佳品。该砚的砚堂与砚池相连，前端稍为深雕，形成墨的浅池，极为朴素。池额有篆文"玉带生"三字。沿灰紫石质一层的白色条纹下方，刻有篆文砚铭："紫之衣兮绵绵，玉之带兮濯濯，中之藏兮潇潇，外之深兮日宣，呜呼，磨尔心之坚兮，寿吾文之传兮。庐陵文天祥制。"

率兵勤王的只有文天祥、张世杰和陆秀夫三个人。

伯颜兵临皋亭山，形势危急，谢太后命文天祥去敌营谈判。文天祥本来想趁谈判之机察看敌军情况，以谋划破敌之策，不料，伯颜却强行将他扣押在军营。之后，他组织的勤王义军也被朝廷的投降派遣散了。后来，伯颜被文天祥大无畏的爱国精神所感动，没有杀他，而是将他押往大都。文天祥在途中脱身，后与张世杰、陆秀夫等会合，继续进行抗元斗争。

1277年，文天祥率兵攻入江西，收复了多处州、县，但元军在空坑一战中大败宋军，文天祥的妻子儿女也被元军俘虏，只有他得以逃脱。

1278年，文天祥再次战败，自杀未遂，后被元军俘虏。

而今而后，庶几无愧

文天祥被俘虏以后，元朝用尽各种手段劝降他，但他都坚决不从。1279年，文天祥在押解途中经过零丁洋，有感于平生境遇，写下了这首千古名篇《过零丁洋》："辛苦遭逢起一经，干戈寥落四周星。山河破碎风飘絮，身世浮沉雨打萍。惶恐滩头说惶恐，零丁洋里叹零丁。人生自古谁无死，留取丹心照汗青。"

元世祖很尊敬这位忠心报国、忠肝义胆的南宋英雄，于是命人将文天祥软禁在大都的会同馆里，并以礼相待，打算慢慢劝降他。元世祖先派原南宋左丞相留梦炎去劝降，但文天祥痛骂这个投敌叛国的懦夫，留梦炎自取其辱，只得悻悻而去。

元世祖又派出被俘的年仅九岁的宋恭帝，希望文天祥能听从这个南宋皇帝的规劝。文天祥早知道元世祖会出此招，他一见到小皇帝就痛哭流涕，长跪不起，小皇帝也拿他没办法。

元世祖最后派出大臣阿合马去劝降，也失败了。最终，他恼羞成怒，将文天祥投入大狱，折磨了他三年。文天祥在狱中创作了不少传世的文章和诗词，如《指南后录》第三卷、《正气歌》等。

后来，元世祖亲自劝降，他表示文天祥若能归降的话，就让他做宰相。文天祥大义凛然地答道："一死之外，无可为者。"元世祖只好下令处死他，时年四十七岁的文天祥就这样英勇殉国了。人们在他的衣袋中发现了一首诗："孔曰成仁，孟曰取义。唯其义尽，所以仁至。读圣贤书，所学何事？而今而后，庶几无愧。"在生死关头，文天祥选择了取义而求死，他的浩然正气激励着一代又一代的中国人。

崖山海战是南宋末年宋元之间进行的一场攸关南宋小朝廷存亡的战役，以宋军的失败而告终。崖山海战中，宋军伤亡惨重，爱国将士拼死抗敌，几乎全部英勇牺牲。"崖山多忠魂，后先照千古"，他们的爱国主义精神和坚贞不屈的气节一直激励着后人。

公元1127年~公元1279年
/////////南宋王朝/////////
崖山海战

穷途末路，二王出逃

南宋后期，社会动荡不安，宋度宗继位后不但没有重振朝纲，反而把朝政大权都交给奸臣贾似道，自己纵情享乐。

贾似道独揽大权，打击异己，残害忠良。襄樊被围攻时，贾似道隐瞒军情，拒不发兵救援，导致襄樊失陷，南宋的门户被打开。随后赵㬎即位，即为宋恭帝，太皇太后谢氏听政，此时贾似道仍掌握着朝政大权。元军一路南下，宋军节节败退，最终元军逼近宋都。贾似道向元乞和，结果遭到拒绝，南宋大势已去。1276年，南宋正式宣布投降，恭帝和太皇太后谢氏被押到大都。

元军攻破临安城的时候，度宗的淑妃杨氏由国舅杨亮节掩护，带着自己的儿子益王赵昰和广王赵昺出逃，在金华与大臣陆秀夫、张世杰、陈宜中、文天祥等会合。一心灭亡南宋的元军一路紧追不舍，将一行人逼到了福州。在此，刚满七岁的赵昰被拥立为帝，是为宋端宗。

▼（南宋）龙泉窑船形砚滴
此砚滴整个造型有仓棚和艄棚，仓棚船舷两侧有栏杆，仓内有人物塑像二尊，为男女二人席地而坐，呈交谈状。仓棚左边搁有一木桨，棚顶置有笠帽，右边一艄公作取笠状。小小的一个砚滴采用船形，并且制作如此精良，反映了南宋时期手工业的高度发达。

〉〉〉南宋政府发行了以铜钱为本位的纸币——"会子"，通行于东南地区。

端宗任命张世杰为大将，陆秀夫为签书枢密院事，陈宜中为丞相，文天祥为少保、信国公，建立起流亡朝廷。然而，这个流亡朝廷内部矛盾重重，各党派之间相互排挤，与元军的作战屡屡失败。1277年，福州失陷，流亡朝廷又逃往泉州。时任泉州市舶司的蒲寿庚不但不借船给张世杰等人，还主动投降了元朝。幸亏张世杰抢到船并及时出海，流亡朝廷才得以逃往广东，从此被元军逼得只能不断地在海上漂泊。

由于体质虚弱，小皇帝最终病死在广东的一个小岛上。张世杰、陆秀夫等又立赵昺为帝，即宋末帝。赵昺登基后，流亡朝廷又逃到崖山，并在此建立抗元的据点。

崖山惨败，忠魂照千古

不久，率陆上义军抗元的文天祥因寡不敌众而被俘，流亡朝廷的陆军全军覆灭，流亡朝廷只剩下海军了。当时，这支海军有二十多万人，其中十多万都是文官、宫女、太监、普通百姓等非战斗人员，还有各类船只千余艘。不过追来的元军也只有几万人，战船数百艘。此外，崖山的地理环境对宋军比较有利，并且元军不擅水战，所以宋军还是具有一定优势的。

开战前，有人提议宋军先占领海湾出口，保护向西的撤退路线。但是，张世杰害怕士兵临阵脱逃或者有人叛变，否决了这个提议。他下令将千余艘船用大绳索串联在海湾内，赵昺的船则在中间指挥。元军用小船载着茅草和油脂冲向宋军的船只，想乘风纵火，但宋军早料到这一点，事先把战船涂满了泥。元军火攻没有得逞，就封锁了海湾，切断了宋军汲水和砍柴的路。宋军被困在海上

▲（宋）官窑粉青釉执壶

多日，缺乏淡水和粮食，很多士兵都生了病。

元军趁势展开猛攻，宋军大败。张世杰砍断绳索，抽调精兵，带杨太后突围而去。赵昺的船又大又豪华，而且夹在众船中间，根本不能突围，陆秀夫见败局已定，便把妻儿赶下大海，自己背着赵昺跳海自尽了。

后来，陆秀夫的尸体被百姓找到并安葬，赵昺因为死前穿着龙袍，挂着玉玺，所以尸体被元军发现并辨认了出来。之前突围的张世杰本希望借杨太后的名义寻找赵氏后人，再立新帝，可杨太后得知赵昺已死后也跳海自杀了。不久，张世杰也溺死海中。

1279年，南宋最后的抵抗力量也为元军所

▲（宋）端石鹅式砚

砚上雕塑为鹅形，整砚呈紫色，间有白斑纹。全砚作鹅形回首状，鹅背即为砚堂，左右两翼环抱砚边，凹陷处即为墨池。鹅首回眸至砚面，并于颈部琢一孔，使能相通，并有一石眼恰好作为鹅眼。砚背中心雕鹅双掌，似恰划掌于水波中，背面镌有清高宗御题诗一首，楷书，落款为"乾隆御题"。

灭，南宋彻底灭亡。崖山海战虽然以南宋惨败告终，但南宋军民在此战中表现出的伟大的爱国主义精神和不屈不挠的英雄气概可歌可泣，激励着一代又一代的中国人为保家卫国而奋勇斗争。

　　明人陈邦彦有诗曰"崖山多忠魂，后先照千古"，著名学者田汉也曾在游崖山后写下"云低岭暗水苍茫，此是崖山古战场。帆影依稀张鹄鹚，涛声仿佛斗豺狼。艰难未就中兴业，慷慨犹增百代先。二十万人齐殉国，银湖今日有余香"的诗句，令人唏嘘不已。

▶（南宋）龙泉窑粉青釉弦纹贯耳瓶

贯耳瓶为陈设用具，流行于宋代，哥窑、官窑、龙泉窑多有烧制。这种贯耳瓶的造型来源于汉代贵族游戏所用的投壶，当时的投壶多为青铜制作，也有漆质仿铜器者。在南宋窖藏中，这类器物仅在遂宁发现，有大小两种，造型规整，釉层莹薄透明。

少年读全景中华上下五千年 5

——— 宋元更替 ———

辽、西夏、金///与宋并立的少数民族政权

公 元 9 0 7 年 ～ 公 元 1 2 3 4 年

◎看世界／英王被教皇废黜　　　◎时间／1212年　　　◎关键词／英王约翰 教皇英诺森三世

公元907年～公元1234年
//////////////// 辽、西夏、金 ////////////////

辽太祖耶律阿保机

辽太祖耶律阿保机，916年称帝，创立了辽王朝，一生功绩显赫。他智勇双全，统一了契丹，创建了契丹文字，并且引入了汉族王朝的君主世袭制。契丹族在阿保机的统领下，经济、政治得到迅速的发展，逐渐成为中国东北地区强大的少数民族之一。可以说耶律阿保机改写了契丹民族的历史，对中国历史的发展也起到了较大的促进作用。

契丹兴起，阿保机崭露头角

契丹族是一个充满神秘色彩的民族，关于它的诞生，自古便流传着一个美丽的传说。

相传，很久以前，在广阔的辽水附近，一个英俊挺拔、骑着白马的男子和一个温婉动人驾着青牛的女子不期而遇。他们互相爱慕，结为连理，并生下了八个活泼可爱的儿子。儿子们长大后都自立门户，娶妻生子，于是契丹八部就这样形成了。

契丹族属于游牧民族，祖祖辈辈都以渔猎、畜牧为生。唐朝末年，中原地区战乱不断，民不聊生，北方许多汉人纷纷逃入契丹人生活的地区，同时也带去了大量先进的生产技术和工具，这大大促进了当地社会经济的发展。

在契丹族的众多部落中，由耶律氏家族世袭

担任部落首领的迭剌部距中原较近，农业、牧业相对发达，其势力渐渐居于众多部落之首。

872年，契丹内部一场联盟领导权的争夺战争刚刚结束，小耶律阿保机就呱呱落地了。他的到来给迭剌部耶律家带来了短暂的快乐，可是他一出生就不得不面对祖父被杀和父亲出逃的双重悲痛。祖母竭尽全力地保护年幼的阿保机，将他养大成人。

虽然环境险恶，但在祖母的悉心呵护下，耶律阿保机逐渐成长起来。成年后的他胸怀壮志，意气凌云，魄力十足。后来，他率领族人连年征战，战功累累，深受族人的信任和景仰，成为部落首领的最佳候选人。

▶（辽）鎏金银制仿皮囊式鸡冠壶

该器出土于内蒙古赤峰。"鸡冠壶"因其外形似鸡冠而得名，它源于一种便于在马上携带的盛水皮囊壶。契丹民族过上定居生活后，模拟皮囊壶的样子，用木、瓷、陶等材料制作鸡冠壶，作为自己民族的风尚，稍珍贵者则烧成三彩器。这件罕见的鎏金银制鸡冠壶制作精良，属于名贵之物。

1177年

〉〉〉朱熹完成《诗集传》。《诗集传》是诗经学史上一部重要的著作，以其旨意宏深、义理精明、体备而辞简，广为学界所关注。

◎看世界／德皇被加冕为神圣罗马帝国皇帝　　◎时间／1220年　　◎关键词／腓特烈二世

战功卓著，荣登汗位

由于拥有卓越的领导风范加上优良的出身，阿保机被推举为迭剌部的首领。从此他兵权在握，开始大展身手。

他率军征战，先后击败好几个部落，清除了周边的隐患，然后挥师南下，介入割据势力之间的争斗，坐收渔人之利。后来他洞察渤海国防备松懈，便借机将其攻灭，成功入主了辽东地区。

903年，阿保机荣升于越（负责部落联盟的军事和行政事务，相当于中原王朝的宰相），掌管军国大权。

907年，阿保机通过部落联盟选举仪式，设立祭坛，祭拜祖先天地，正式成为契丹部落联盟首领。

向往帝位，引发动乱

阿保机在成长的过程中受到汉族文化的影响，于是思想逐步汉化。

他成为部落联盟首领后，便开始对契丹进行改革，废除了一些旧制度，进一步巩固了自己的权力和地位。他一方面扩大联盟的统治范围，一方面发展个人势力，组建了"腹心部"，培养了一支忠于自己的侍卫军，使他们成为自己巩固统治地位的保障。

后来，阿保机野心勃勃，不愿再受到可汗选举制度（可汗之位任期为三年，到期必须改选，由这个家族的其他成年人担任）的束缚，极力想要效法中原的王朝自立为王，实行君主世袭制。

910年，阿保机三年任期已满，可是他却没有交出大权，而是继续行使可汗的职权，他想要彻底推翻可汗选举制度。阿保机不让位，其他人就没有机会当选，这引起了其他贵族的强烈不满。为了争夺汗位，阿保机本族的兄弟联合起来反抗他，引发了历史上有名的诸弟之乱。

虽然阿保机镇压了反叛势力，但是在其他七个部落的逼迫下，阿保机不得不以退为进，暂时让出了汗位。之后，他"请君入瓮"，请各部首领来自己的地盘喝酒，然后暗中埋下伏兵，将他们全部杀掉，从而夺取了大权。

正式建国

916年，阿保机正式称帝，定国号为契丹，后又改国号为辽，阿保机就是辽太祖。

阿保机建国后，继续效仿中原王朝的制度制定国家的政治、经济制度。他后来定都上京，使契丹族结束了游牧的生活，有了固定的都城。阿保机还注意发展契丹的文字，命令大臣参照汉字的构造创立契丹大字，使契丹民族结束了结绳刻木记事的时代，大大推动了社会经济、文化的发展。后来，阿保机的弟弟耶律迭剌又创造了契丹小字，成为契丹的通用文字，使契丹文化得到了更好的传播。

阿保机在继承契丹优良的文化传统的同时，也注意借鉴汉族文化，使两种文化得到了良好的融和，进一步推动了契丹文化的发展。而且，他在汉化的过程中不急不躁，有所吸收也有所保留，这也极大地促进了契丹社会的发展。

◀契丹大字银币

契丹大字银币是辽太祖耶律阿保机下令创制的，图为刻有契丹大字的契丹银币。

少年读全景中华上下五千年·5·宋元更替　辽、西夏、金，与宋并立的少数民族政权

萧太后是辽景宗的妻子，辽圣宗的母亲，名萧绰，乳名燕燕，史称萧太后。她辅佐病弱的景宗，培养年幼的圣宗，统治辽国长达四十余年。在此期间，她主张革新，推崇汉文化，辽国在她的统治下日趋强大，达到了历史上的鼎盛时期。

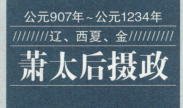

公元907年～公元1234年

////////辽、西夏、金////////

萧太后摄政

凤之皇权，治国有方

萧绰是辽景宗耶律贤的皇后，辽国宰相萧思温的小女儿。她秀外慧中，聪颖好学，很小的时候就名声在外。耶律贤对她爱慕已久，册封她为皇后。

辽景宗身体欠佳，久病不起，对于政事力不从心，但是他立志振兴国家，所以将希望寄托在这位皇后的身上。萧绰被允许参与朝政，她的雄才大略得以彰显。

在萧绰的治理下，辽国愈加强盛，政局稳定，经济振兴。为此，辽景帝非常欣赏自己的妻子，让她与自己平起平坐，萧皇后实际上成为辽国的女皇。

982年，辽景宗去世，时年三十五岁，他留下遗诏："梁王隆绪嗣位，军国大事听皇后命。"当时耶律隆绪只有十二岁，年仅二十九岁的萧绰理所当然地成了辽国的统治者。

萧绰执政期间，进行了大刀阔斧的改革。她推行汉法，奖励耕种；肃清官场风气，提倡勤政清廉；昭雪冤案，善待奴隶；修订刑法，废止连坐等残酷刑罚。她的一系列改革，促使辽国迅速从奴隶制国家向封建制国家转变。

此外，作为少数民族的首领，她提倡加强汉族与契丹族的沟通往来。她规定，只要是辽的臣民，便共同地享受辽人的待遇，凡是触犯法律的都要受到严厉的惩罚。988年，萧绰还在辽国实施了科举制度，平民百姓只要有才能，也可跻身上

▼（辽）飞天纹玉耳饰
以御云飞翔的飞天形象为耳饰本就十分罕见，而以飞天头上长发引申为系耳之钩，其构思更是奇绝。

流社会，实现自己的抱负。这些举措为统治阶级招揽了大批贤才。

在萧绰的治理下，辽国百姓安居乐业，经济、政治显著发展，她也受到了百姓们的拥戴。

铁马红颜，与宋作战

萧绰既是一位杰出的政治家，又是一位卓越的军事家。

当时，辽宋两国之间积怨很深，自从石敬瑭割让给辽国燕云十六州后，契丹人便将它作为据点，时不时地进攻，而且这块土地辽阔肥沃，物产丰富，是一块宝地，因此辽、宋谁也不肯放弃。986年，宋太宗对辽国发动第二次大规模战争，这就是著名的雍熙北伐。

萧绰亲自率军迎战，采取了正面诱敌、后面包抄的战术，将宋军一举打败，扭转了不利于辽的战局，削减了宋的兵力，从此辽国对宋居于强势地位，在战争中由被动转为主动。

之后，萧绰更加注重培养精兵良将，加强辽国的军事实力，并开始主动向宋宣战。她多次亲临战场指挥作战，取得了一些胜利。辽国的声望在她的节节胜利下扶摇直上，使得辽周边的党项、女真等部落纷纷向辽称臣纳贡。

1004年，萧绰率军大举攻宋。辽军声势浩大，所向披靡，不到两个月的时间，就攻到了澶州。

后来，宋真宗御驾亲征，宋军士气高涨。萧绰顾全大局，同意议和，双方订立了历史上著名的澶渊之盟。

从此，辽宋结束了多年的战争，进入了长达百年的和平时期，两个民族的文化也在经贸往来中得到不断的融合。

巩固统治，一生圆满

萧绰进宫之前，曾与韩德让订有婚约，可皇命不可违，她嫁给了景宗，景宗对她宠爱有加，她也倾力相报，夫妻甚是恩爱。

景宗辞世后，萧绰召见了顾命大臣韩德让，对他说："你我之前曾有婚约，我后来进宫为妃，深得景宗宠幸。今景宗辞世，我愿偕前盟，我儿即你儿，望共辅之。"她这番话，是为了笼络朝中重臣。听到此番话，韩德让感动不已。

在萧绰的笼络下，韩德让一生辅佐国君，尽心尽力，从不利用自己的特权做任何损害国家利益的事情。

1009年，萧绰将军政大权移交给了耶律隆绪，准备去南京安享晚年。不幸的是，她在去南京的途中染疾而逝。随后，辽圣宗耶律隆绪披麻戴孝厚葬了他。

▲（辽）三彩兽头

黑龙江省宁安市渤海国上京遗址出土。该器由釉陶烧制而成，全器呈深茶色，兽头张口伸舌，圆目睁视，线条流畅。

〉〉〉学者陆九渊卒。陆九渊是"心学"的创始人，南宋著名的哲学家、教育家，与理学家朱熹齐名，史称"朱陆"。

1192年

◎看世界／宗尊亲王就任征夷大将军　　　　　◎时间／1252年　　　　　◎关键词／镰仓幕府

元昊是西夏的开国皇帝。他文武双全，有勇有谋，但是性情暴躁，嗜好杀戮，风流成性，最后因为与太子夺妻而被太子所杀。西夏在我国西北边疆立国近二百年，物质文明和精神文明都相对发达，元昊为此做出了巨大贡献。

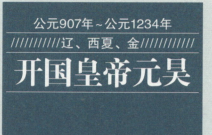

公元907年~公元1234年

/////////辽、西夏、金/////////

开国皇帝元昊

虎父无犬子，英雄出少年

1003年，元昊出生于灵州。传说他刚出生时就有一股威武之气，因此深受父亲的喜爱。

元昊从小就习文练武，对兵书甚是喜爱。除此之外，他还喜欢读一些法典，而且精于谋略，颇有远见，对事情见解独到。

元昊之父在位期间能够"西掠吐蕃健马，北收回鹘锐兵"，很大程度上归功于当时的主将元昊。尤其是在西攻甘州时，元昊采用突袭的战术，所向披靡，回鹘可汗尚未来得及调配兵马，甘州城就已经被攻陷了。元昊从此名声大振，后来又先后占领了瓜州、凉州等地。

1032年，元昊之父病逝，元昊在兴州以太子的合法身份取得了党项族的最高统治权。

承父亲遗愿，开国建制

元昊继位之后，没有沿着父辈的治国之路走下去，而是开辟了一条新的道路。

元昊抛弃了唐、宋王朝赐予的李姓和赵姓，下令自己的宗亲统一改姓"嵬名"，并且要求党项人剃秃头、穿耳洞，如有不服从者，一律处死他。

元昊还仿照中原王朝兴建京师，设立文武百官。这些措施，不仅推进了党项社会的封建化进

程，同时也满足了刚刚占领的汉族地区的人民的需要。元昊还重新整编军队，建立了一支属于自己的近卫军，同时加强边境的防守。这一切，都是在为自己日后称帝做准备。

1038年，元昊在兴庆府的南郊高筑祭坛举行仪式，正式登上了皇帝的宝座，定国号为大夏，历史上称其为西夏。自此，宋、辽、夏三国鼎立的局面正式形成。

元昊建国后，在治国过程中显示了他出色的政治才华。他尤其注重发展农业和畜牧业，设立农田司，管理国家的农业，设立群牧司，管理国家的畜牧业。

元昊特别重视汉族知识分子，积极收罗人才为自己服务。他创立了西夏文字，这是他对西夏文化的最大贡献。西夏文字的推行，对巩固西夏政权起到了巨大的作用。

▼（西夏）女像石座

出土于宁夏银川西夏王陵区碑亭遗址中部。红砂石质，出土时有四件，并排成一行，雕法粗犷质朴，具有独特的西夏风格。

◎看世界／第七次十字军东征失败　　◎时间／1254年　　◎关键词／法王路易九世

杀母夺媳，死于非命

元昊登基后，西夏在其治理下越发强大，与宋、辽的关系也略有缓和。

可是，就在这个时候，西夏统治集团内部却出现了纷争，问题就出在元昊身上。虽然元昊在位期间励精图治，颇有成效，但他好猜忌，嗜杀如狂，风流成性。

1034年，元昊生母卫慕氏一族的首领卫慕山喜密谋篡权，机密泄露后，元昊将卫慕山喜沉河，并把生母卫慕氏和与卫慕氏有关系的妃子以及她们生的儿子一起残忍地处死。

每当大臣与自己的意见有分歧，他也会设计将其杀掉，从此朝廷内外没有人敢违背他的命令。渐渐地，他变成了一个凶残狠毒、听不进任何意见、沉迷于酒色的暴君。

后来，他又在宋朝将军种世衡的离间下，杀死了皇后野利氏的哥哥、西夏名将野利玉乞。

元昊早就对野利玉乞的妻子没藏氏图谋不轨，杀死野利玉乞后便立刻将其据为己有。没藏氏于1047年生下了后来的西夏毅宗。

不久，元昊又看上了皇太子宁令哥的新婚妻子，并将其纳为小姜，从此父子反目成仇。

正当宁令哥思索着如何报仇时，国相没藏讹庞以皇位诱惑宁令哥杀掉元昊。于是，宁令哥冒着生命危险，闯进了元昊的内宅，一刀砍下了元昊的鼻子，之后马上逃走。元昊由于失血过多而死去。之后，宁令哥以弑父之罪被杀。

时势造英雄，元昊就是党项政权在其发展的特殊时期造就出来的一代传奇人物。可是，他最后不是死在战场上，而是因死在了自己亲生儿子的刀下，实在让人唏嘘不已。

▲（西夏）木缘塔

1977年出土于甘肃武威市，塔高75厘米，塔顶边沿宽47厘米。全塔由塔座、塔身、塔顶、塔刹四部分组成。

任得敬，西夏崇宗、仁宗时期的重臣，在平定国内叛乱的过程中渐渐执掌了大权。手握大权的任得敬野心日渐膨胀。后来，他意欲与仁宗平分西夏，结果死于得到金国支援的仁宗之手，他的党羽也被全部剪除，其分国阴谋完全破灭。

公元907年～公元1234年
////////// 辽、西夏、金 //////////
贼臣任得敬

父凭女贵，大权在握

任得敬原来任北宋西安州通判。1126年，西夏发兵进攻西安州，任得敬率部投降，被西夏崇宗封为西安州知州。

1137年，任得敬为讨好崇宗，将自己的女儿嫁与崇宗为妃。崇宗大喜，提拔他做了静州防御使。

此后，任得敬费尽心机，想让崇宗皇帝立自己的女儿为皇后。为此，他大肆向朝中权贵行贿，权贵们也投桃报李，极力建议崇宗封任妃为皇后。

任妃貌美如花，端庄稳重，本就十分受宠，所以崇宗就顺水推舟，于1138年立任妃为皇后，并升任得敬为静州都统军。

1139年，崇宗驾崩，十六岁的仁宗即位，他将任后和生母曹妃并尊为太后。

1140年，夏州都统军萧合达起兵反叛，并且联系契丹残部合围灵州，后又打下盐州，直逼都城兴庆府。任得敬觉得这是一个千载难逢的立功良机。他自告奋勇，请旨征讨萧合达。

得到任命后，任得敬暗中部署完毕，表面上却装成悠闲自若的样子，以此来迷惑叛军。然后，他率军出击，连战连捷，在黄河口彻底击败了叛军，并擒杀了萧合达。

之后，任得敬因平叛有功，升任翔庆军都统军，并被封为西平公。

▲（西夏）敦煌九十七窟飞天
飞天头顶秃发，两侧梳小辫，臂饰珠镯宝钏，腰系兽皮肚围，脚穿短筒皮靴，人物形象、发式、衣饰都表现出了党项人的特色。

1206年

〉〉〉铁木真获得尊号"成吉思汗"
（蒙古语，意为拥有四海的强者）。

◎看世界／康拉丁逝世　　　　　◎时间／1268年　　　　　◎关键词／霍亨斯陶芬王朝

排除异己，倒行逆施

任得敬的权势越来越大，野心也日益膨胀，他恃功而傲，常常肆意处死同僚和部下。

当时，他已经不愿做封疆大吏，而是想入朝为官，但是遭到了御史大夫热辣公济和中书令王仁忠的反对，没能得逞。

1148年，王仁忠故去，任得敬少了一个政治上的劲敌。他极力收买宗室晋王察哥，要他帮自己入朝。在察哥的帮助下，任得敬被仁宗升任为尚书令，开始入朝参政。

后来，任得敬日渐得到仁宗的器重，出任中书令。1156年春，仁宗命任得敬为国相，他独揽朝政，开始拉帮结派，竭力在朝中提拔心腹。除此以外，他还大肆排除异己、打击政敌，朝中许多官员都受到他的排挤和迫害。

任得敬的独断专横让任太后很不满，但是又拿他没办法，"屡戒不听，日以盛满为忧"。

1160年，任得敬的威势达到了顶点，他被封为楚王，进出仪仗和仁宗一样。

密谋篡权，兵败被杀

从1165年起，任得敬着手在灵州兴建城池、广造宫殿。西夏朝廷虽然对任得敬的野心一清二楚，但也拿他没有办法，只能不断地给他封赏，加以笼络。

此后，任得敬开始不断试探金国的态度，金国也渐渐知晓了他的企图。

1167年冬，任得敬抱病在床，仁宗派人去金

◀（西夏）《四美人图》
内蒙古自治区阿拉善盟额济纳旗黑水城遗址出土，描绘的是四位美人：绿珠、王昭君、赵飞燕、班姬。

国请大夫来给任得敬看病。金国的大夫把任得敬治好后，仁宗派人答谢金国，任得敬也附上答谢奏疏，并献上礼品。金世宗明白任得敬附表进贡的真正目的，于是跟西夏使节说："得敬自有定分，岂宜紊越！"并退回了任得敬的礼物。

任得敬明白金国不肯支持自己，于是又将视线转向了宋朝。1168年，他暗中派人联络宋朝四川宣抚使虞允文，想让他出兵助自己一臂之力，结果信使被仁宗所擒，仁宗将密信交给了金国。

1170年春，任太后逝世，任得敬不再有顾忌，公然要求仁宗将西夏西南路和灵州的土地划归他管治。仁宗被逼无奈，只得答应，并派人去金国帮任得敬上表请封。

金世宗明白仁宗是被任得敬所逼，于是拒绝接受西夏的礼物，表示不赞成任得敬分裂西夏的主张。任得敬看到册封无望，开始担心起来，并跟其弟暗中商量应变之举。

仁宗在金国的支持下也暗中集合兵马，准备平叛。1170年，仁宗一举歼灭任得敬及其同党，并且派人答谢金国，任得敬分国之谋划为泡影。

由任得敬密谋瓜分西夏之事可知，尽管仁宗时西夏社会、经济、文化都处在全盛时期，但是在这种盛世背后也暗藏着各种危机。此后，西夏统治集团从开明转向保守，经济实力和军事实力渐渐变弱，党项贵族越来越不思进取，西夏的没落已成必然。

金太祖完颜阿骨打是金国的开国之君。阿骨打拥有敏锐的政治嗅觉和出色的军事才能,他统一女真诸部,在1115年创立金国,登基为帝。此后,他率领女真族反抗辽国的统治,并最终灭亡了辽国。在政治上,他推行改革,促进生产,还命人造出女真文字,大大促进了女真族政治、经济、文化的发展。

公元907年~公元1234年
//////////// 辽、西夏、金 ////////////

阿骨打伐辽建金

头鱼宴上的阿骨打

完颜阿骨打,会宁府会宁县女真完颜部人。

阿骨打天赋异秉、力大无穷,在小时候就展示出了良好的骑射天分。辽国使臣曾看到他拉弓射一群飞鸟,三箭皆中,赞其为"奇男子"。成年之后的阿骨打身强力壮,沉默寡言,性情刚毅,抱负远大。

他的青年期,恰好是女真族从氏族制向奴隶制转变的过渡期,也是女真族诸部从分散迈向统一的时期。青年阿骨打在拓展部落联盟领土和平定联盟内部叛乱的战争中快速成长,战功赫赫。

后来,阿骨打对辽国在女真部落的残暴统治日渐反感,反辽情绪日益高涨。

1112年春,辽天祚皇帝耶律延禧千里迢迢从京都来到东北春州游玩,并借春天水美鱼肥之机,很有兴致地在混同江边垂钓。根据当地习俗,每年春天捕捞的第一条鱼应该献祭给祖先,并要摆酒庆贺,举办盛大的头鱼宴。

头鱼宴上,辽帝命每个部落的酋长前来觐见。酒喝到一半时,辽帝要酋长们轮流给他献舞。酋长们尽管觉得受辱,但是也没胆抗旨,只得轮流跳起舞蹈,为辽帝助酒兴。到阿骨打时,他推辞说不会,拒绝跳舞,并摆出一副临危不惧的样子。

辽帝心下不悦,一再命令,阿骨打坚决不从,辽帝大怒,有了杀他的念头,后因担心女真诸部反叛才没有动手。

头鱼宴之辱让被剥削的女真人难以忍受,他们着手准备反辽。阿骨打动员女真诸部从事生产,大造兵器,修建工事,并且不断收集辽国的资料,为反辽做积极的准备。

伐辽建金,女真兴起

1114年,阿骨打在召集来的诸部军队面前细数辽国的恶行,发誓戮力同心,灭亡辽国。为激励将士勇敢战斗,他承诺"有军功者,奴婢可为平民,平民可以授予官职,有官职的可以提升,如违背誓言,梃杖之下处死,连及家

◀（金）白釉黑花葫芦瓶
高28.4厘米,腹径17厘米,辽宁阜新县白台沟水库出土。器身为葫芦形,龙形长柄,相对的流口处塑贴一位坐着的长须老者。整个瓶子造型生动,极富意趣。

属"。

诸部军队宣誓完毕后，阿骨打率先出击，利用辽军尚未集结之机，进军宁江州，并一鼓作气拿下该城，使辽国东北门户洞开。随后他又在出河店以弱胜强，大败辽军。

1115年，辽天祚帝亲自领兵，集结七十多万大军，兵锋直指阿骨打，却被两万女真人所败。辽帝见势不妙，趁夜逃出五百多里，吓得魂飞魄散。

获得数次大胜的阿骨打靠自己的威望，在部众的拥戴下，于1115年初建国，登基为帝，国号大金，定都会宁府，统治辽河以东的大片土地。

据传，阿骨打曾说："辽以镔铁为号，取其坚也，镔铁虽坚亦有坏时，唯金长久不坏。"因此定国号为金。

建国后的阿骨打完善制度，整顿军务，实力大为增强。他继续攻辽，所向披靡，陆续占领黄龙府城和辽西地区；1120年，占领辽上京；1122年，攻占辽中京、西京等地。辽天祚帝逃往夹山。这年年底，阿骨打领兵拿下了燕京，此后继续派兵追杀逃亡在外的辽天祚帝。

1123年，阿骨打在返回金国上京的路上病逝。

阿骨打戎马一生，凭借雄韬伟略创立了金国、消灭了辽国，对女真族的统一和发展居功至伟。建国之后，他命人创造了女真文字，加快了女真社会向文明社会的转变。

阿骨打是女真族的英雄，也是中国历史上卓越的政治家和军事家。

◀（金）双鱼铜纹镜
双鱼铜纹镜是深受女真人喜爱的生活用品，具有浓郁的女真民族特色。

阿骨打的三大经典战役

完颜阿骨打在灭辽的过程中，将其卓越的军事才能展现得淋漓尽致，曾经称霸一时的辽国，在他的打击下

▶（金）金代齐国王墓服饰
出土于黑龙江省，服饰织工精湛，大量采用挖梭技术及印、绘、绣等技法，具有浓厚的北方民族特色。它为研究金代的缂丝技术、纺织技法、印染工艺、织机种类等方面的课题提供了珍贵的资料，是我国金代考古的一次重大发现。

彻底覆灭。他在灭辽期间指挥了三大著名的经典战役。

第一，出河店之战，行军奇快，速战速决。

宁江州战役之后，完颜阿骨打统帅的军队从二千五百人扩大到三千七百人，但与辽军相比，仍有很大差距。于是，辽天祚帝从各路调集兵马屯驻在出河店，打算一举消灭阿骨打。

面对辽国十万之众，完颜阿骨打丝毫不惧。他以自己得到女真族信奉的萨满教神灵的启示来激励部下，然后趁辽军刚刚屯驻、准备不足之际，率领女真军队快速出击，急行军至出河店附近的河岸，辽军猝不及防，遭到惨败。

出河店之战使女真缴获了大批物资，实力又得到加强。

第二，黄龙府之战，"围点打援"，攻占黄龙府。

黄龙府是辽国的物资要地，外城城防完备，内城守卫森严，难以强攻。几经商议之后，阿骨打运用"围点打援"之计，先包围黄龙府，随后肃清外围之敌，并且消灭了援军。待黄龙府内粮草不济的时候，阿骨打领兵猛攻，辽军不堪一击，黄龙府很快陷落。

第三，护步答冈之战，以弱胜强，乘胜追击，歼敌主力。

黄龙府陷落之后，辽天祚帝异常震怒。他亲自率领七十万大军出战，欲毕其功于一役，歼灭阿骨打。当时的阿骨打仅有两万人，双方实力悬殊。

但在阿骨打看来，辽军虽众，却是一盘散沙，将无谋，兵无勇，没什么好害怕的，他激励将

士积极进攻，拼死抗争。长期遭受辽国剥削的将士们同仇敌忾，以一当十，丝毫不落下风，正当双方混战时，辽国爆发内乱，辽帝被迫撤军。

阿骨打趁此机会，一路追击，最终在护步答冈赶上了辽军，痛击敌人，大胜而归。他在这场战役中表现出了过人的胆识和魄力。在阿骨打的征伐下，辽国国势日颓，并最终走向灭亡。

▶完颜阿骨打像

完颜阿骨打，金国的创建者。他一生驰骋疆场，为女真的统一与发展立下了不朽功勋。

在蒙古人进攻金国的同时，今山东、河北等地的人民也难以忍受金国的残暴统治，接连爆发起义。起义军少则几万人，多则几十万人。其中规模最大的一支起义军，将士皆身着红袄，因此被称作"红袄军"。红袄军的领袖原本是杨安儿，他后来被叛徒偷袭坠海而死，他死后队伍由其妹杨妙真指挥。起义军沉重打击了金国的黑暗统治，在一定程度上扫除了阻碍社会生产力发展的桎梏，推动了新的社会秩序的建立。

公元907年~公元1234年
/////////// 辽、西夏、金 ///////////
金末红袄军起义

不堪忍受，起义求生

金国晚期，政治形势出现了剧变，国势由盛而衰，统治日趋黑暗，统治阶级极力压榨其治下的人民。

金国执政者长期侵占汉人田地，使良田好地皆集中到豪门大族手里，只余下贫瘠的土地归汉族穷人耕种。由于土地问题，导致社会矛盾尖锐，对立严重。

此外，尽管金国执政者为了满足女真族封建化的需要而解放了奴隶，但是依然保留了与农奴地位相等的驱丁，因此金国晚期，很多平民被抓为驱丁成为一种普遍现象。

此时，金国的外患同样深重，蒙古军队频频进攻。在如此严峻的局势下，金国朝廷不但不积极设法御敌，反而让投降派、逃跑派大行其道。金宣宗被迫求和之后，蒙古军队暂时撤离了中都。由于害怕，宣宗逃离中都，南迁至今天的河南开封，丢掉了北方的大片领土。

蒙古军队借机占领中都，北方的很多州县望风而降，有的则割据自立，征战不休。

而后，蒙古军队攻入，给当地人民带来了巨大灾难。

此时的北方，因为土地兼并、阶级剥削、外敌环伺、军阀割据、天灾连连，早已民不聊生，百姓只有走起义这条路才有一线生机。

杨安儿起义，被金军镇压

杨安儿，益都人，本名杨安国，由于靠买卖鞍材为生，被人称作杨鞍儿，后来他就索性更名为杨安儿。

因为难以忍受金国的腐朽统治，他率众揭竿而起，指挥反金斗争。为与金军有所区别，义军身着红

▼（金）窖藏铜钱

金代由于战争频繁，社会混乱，人们往往被迫不断迁徙，铜币、瓷器、铁器等不易带走的物品被他们放在容器中，埋藏在地窖里。由于许多人是"一去不复返"，所以这些窖藏物品保存至今。

▲（金）钧窑红斑盘

这件钧窑盘在天蓝色釉面上缀着几片玫瑰色紫红斑，宛如晴空上飘浮的彩云，如诗似画般动人。

▲（金）钧窑天青釉紫斑双系罐

此罐器型周正，口部较大，底足较小，施天蓝色釉，釉面光滑，釉层肥厚，有棕眼。

色短袄，因此人们将此次起义叫"红袄军起义"。

杨安儿起义后，因局势所逼曾经投降金国，官至防御使、副都统。1211年，杨安儿返回益都和张汝楫等人又举起反金大旗，他们攻城拔寨，处死贪官污吏，名震山东。到1214年，杨安儿率领的义军实力日增，极大地鼓舞了中原百姓的斗争信心。

潍州李全也在同年起事，和他哥哥李福召集几千人，在潍州、安丘、临朐地区协助杨安儿战斗。随后，刘二祖、彭义斌等也揭竿而起。由杨安儿、刘二祖、李全率领的三支义军，是当时农民起义军中的三大主力。

蒙古大军退去之后，金国将注意力转移到内乱上来，统治者调集战斗力最强的军队去平叛。杨安儿在益都不敌金军，随后转战莱阳。莱州守将徐汝贤献城投降，使得义军得到补给，重振雄风。

后来，登州刺史耿格也不战而降，杨安儿遂登基称帝，设置衙署，改元天顺。

借有利形势，义军乘胜打下宁海，夺取了潍州等地。1214年年底，杨安儿在莱州被金将仆散安贞等打败，只好搭船出逃，不幸被金军收买的叛徒偷袭致坠海而亡。

杨妙真、李全继续坚持作战

杨安儿虽亡，但是起义军并未因此而放弃斗争。此后，杨安儿的妹妹杨妙真和丈夫李全召集残部，带领义军坚持战斗。

由于金军实施反攻，并且强化了军事打击和政治诱降，导致义军处境日益艰难。而山东地区因为战事连年，破坏严重，田地荒芜，人烟绝迹，使义军处于金军进攻威胁之下的同时，还面临着缺粮的困境。

▼（金）白瓷小口黑花罐

金代器具，高约35厘米，口径5厘米，足径11厘米，造型优美，釉色莹润，图案变化多样，富有情趣，是金代瓷器中的精品。

〉〉〉词人姜夔卒。姜夔字尧章，号白石道人，他精通音律，擅长写诗填词，其词对南宋后期词作的格律化有巨大的影响。

▲（金）张瑀《文姬归汉图》（局部）

本画长约129厘米，宽29厘米。绢本设色，用笔简练而富有变化，构图错落有致，疏密得当，绘出了漫漫行旅的气氛。人物与坐骑，神态真切生动，技法与风格和唐、宋作品如出一辙。

　　义军在最困难的时候内部产生了分化，有人主张继续对抗金和蒙古，有人却想降金。由于分歧无法调和，义军后来分成了三派。

　　李全、杨妙真部为了避开金军主力，南下海州，没多久，又挥师北进，连克莒州、青州，实力迅速增长。为了进一步对抗金军，扩大群众基础，李全和杨妙真打出大宋旗号，南下楚州，降了南宋。南宋也有意利用这支义军，遂将其命名为"山东忠义军"，封李全为武翼大夫、京东路副总管。

　　1218年，李全受南宋之命，领兵北伐，拿下海州，占领密州，生擒金将黄掴阿鲁答。黄掴阿鲁答乃金国久经沙场的名将，曾经追杀杨安儿。李全北伐时，杨妙真坐镇楚州，筹备粮草，确保北伐得以顺利进行。后来，金军全力攻打南宋，淮西危急，李全回师救援，抵抗金军，化解了南宋的危机。他还说动金国将领张林以九州降宋。

　　之后，由于李福和张林不和，李全又派兵攻打张林，张林兵败逃走，李全拿下益都城，驻军青州城。

　　不久，蒙古大军围了益都城。李全顽强坚守，并派李福回楚州搬援军。正当李全力战蒙古人之际，南宋以为李全被围，生死难测，是剿灭"忠义军"的良机，遂命总管夏全兵临楚州城下，杨妙真因出城办事得以幸免，李福和李全的儿子皆被杀。

　　李全在青州坚持了一年，忽然听说宋军偷袭"忠义军"，其兄和其子皆被害，一气之下降了蒙古。他带兵打回楚州，跟杨妙真会师，后来跟南宋军队在扬州城外大战，李全战死。

　　随后，宋军出兵十万拿下楚州，杨妙真逃了出来，但她所率领的起义军土崩瓦解了。

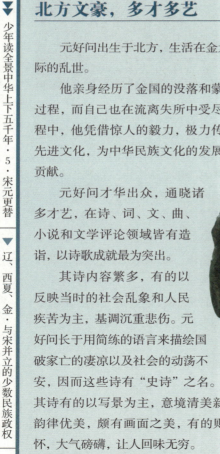

元好问，字裕之，号遗山，世人称其为遗山先生，是金代有名的文学家和历史学家。他是当时北方文学的代表人物，也是金元换代时期文坛上继往开来的人物。元好问才华出众，具有多方面的才能和技艺，不仅擅长诗文，而且精通历算、医药学、书画鉴赏学、书法、佛理等，堪称一代才子。

公元907年～公元1234年
//////////辽、西夏、金//////////
才子元好问

▼（金）坐式铜龙

出土于黑龙江省金阿城。铜龙高19.6厘米，昂首张口，弓身，尾部上卷；左前足踏地，右前爪抓一朵祥云，后腿坐在地上。龙发向后飘扬，与肩部升起的蔓状烟云相接，有如腾云驾雾一般。

北方文豪，多才多艺

元好问出生于北方，生活在金元换代之际的乱世。

他亲身经历了金国的没落和蒙古灭金的整个过程，而自己也在流离失所中受尽苦难。在此过程中，他凭借惊人的毅力，极力传播、弘扬中原先进文化，为中华民族文化的发展做出了杰出的贡献。

元好问才华出众，通晓诸多才艺，在诗、词、文、曲、小说和文学评论领域皆有造诣，以诗歌成就最为突出。

其诗内容繁多，有的以反映当时的社会乱象和人民疾苦为主，基调沉重悲伤。元好问长于用简练的语言来描绘国破家亡的凄凉以及社会的动荡不安，因而这些诗有"史诗"之名。其诗有的以写景为主，意境清美新颖，韵律优美，颇有画面之美，有的则抒发情怀，大气磅礴，让人回味无穷。

他的诗除了内容繁多，体裁也很多。他特别

1226年

擅长七言诗。《金史》中记载："其诗奇崛而绝雕刻，巧缛而谢绮丽。五言高古沉郁，七言乐府不用古题，特出新意，歌谣慷慨挟幽并之气。"

元好问的词包括豪放和婉约两种风格，取众家之长，自成一家，他可称得上是金代词坛第一人。他还创作过散曲，创造性地把它从俗转变成雅，从旧体转换为新体，成就很高，可惜如今存世的只有九首。

元好问还是一名出色的文艺理论家，写有《论诗三首》《论诗三十首》《与张仲杰郎中论文》《校笠泽丛书后记》，等等。他透彻地分析了古代诗人、诗派的优劣，认为"诚"和"情性"是最重要的诗歌元素。

他还在书中叙述了很多关于写作的技巧和原则，提出学问不会一下就增长，而是要厚积薄发，很有意义。

此外，他呕心沥血多年，最终写成了具有史学和文学双重价值的《中州集》，力争按实际情况记录当时的现实，保全了很多宝贵的史料。该书中的许多资料被日后的《金史》《元史》所采用。

另外，《中州集》介绍了元好问所了解的金代许多诗人和词家，含金朝两位帝王和很多大臣甚至平民百姓的诗词二千一百一十六首（其中诗两千零一首，词一百一十五首），且帮二百五十多位作者作了小传，填补了中国文学史的空白。

雁丘长歌，并蒂之莲

许多人通过金庸所写的《神雕侠侣》而了解了"问世间，情为何物？直教生死相许"这一感人至深的词句。琼瑶爱情剧《梅花三弄》也曾以其作为主题曲的歌词。由此可见，经典的事物总是具有惊人的生命力。

事实上，此句的出处就是元好问的词《摸鱼儿》："问世间，情为何物，直教生死相许？天南地北双飞客，老翅几回寒暑。欢乐趣，离别苦，就中更有痴儿女。君应有语：渺万里层云，千山暮雪，只影向谁去？横汾路，寂寞当年箫鼓，荒烟依旧平楚。招魂楚些何嗟及，山鬼暗啼风雨。天也妒，未信与，莺儿燕子俱黄土。千秋万古，为留待骚人，狂歌痛饮，来访雁丘处。"

关于这首词，还流传着一则非常感人的故事。相传元好问去参加科举考试的路上碰到一个捕雁之人，交谈中，此人讲了一件怪事。那日用网抓住了两只大雁，其中一只有幸逃掉了，而另一只被杀了。怪异之处在于，逃走的那只大雁一直在上空徘徊，不忍离去，并且鸣声带悲，最终触地而亡。

元好问见到两只已死的大雁，异常感动，联想到世间的很多生离死别，唏嘘不已，就将它们

▲（金）《奥屯良弼饯饮碑》拓片

《奥屯良弼饯饮碑》又名《泰和题名残碑》。碑上有汉、女真两种文字，右下方有女真文。

▲ （金）定窑黑釉条棱钵

此器物质地为瓷，器型周正，施酱釉，釉层肥厚，釉面光滑，内心有一圈吴釉，为叠烧工艺，修底干净利落，底不施釉，胎质粗糙，外饰瓜棱，保存完好。

买了下来，葬于汾水河畔，并立一坟，名为"雁丘"，还专门作了这首《摸鱼儿·雁丘词》，以纪念这对痴情的大雁。

元好问才气纵横，十分感性，他的一首写并蒂莲的词也广为流传，至今仍让人为之动情。

相传，泰和年间，大名有一对年轻男女暗中相恋，情深义重，并互相许下了终身。但是，当时婚姻由封建家长做主，年轻人根本不能自己选择。这对恋人在双方家人的逼迫下，始终不肯分手，最后双双跳河殉情了。衙门到处搜查他们的下落，却始终没有结果。

后来人们注意到那年河塘的莲开得格外绚烂，而且都是并蒂莲。在挖莲藕的时候，人们找到了他们的遗体。

元好问听说这个故事，不由得感慨万千，伤感难平，便作了《摸鱼儿》："问莲根、有丝多少，莲心知为谁苦？双花脉脉娇相向，只是旧家儿女。天已许，甚不教、白头生死鸳鸯浦？夕阳无

语。算谢客烟中，湘妃江上，未是断肠处。香奁梦，好在灵芝瑞露。人间俯仰今古。海枯石烂情缘在，幽恨不埋黄土。相思树，流年度，无端又被西风误。兰舟少住。怕载酒重来，红衣半落，狼藉卧风雨。"

词人在此吟诵一曲悲歌，表达了悲伤同情之意，感人肺腑。

从辽代开始，中国北方文学创作中就出现了"任情率真"的特色，元好问的文学成就与此紧密关联。

在诗歌创作过程中，元好问将"任情率真"的特色和汉族在诗歌艺术上的优势融合起来，获得了很高的成就，使金代文学拥有了不同于宋代文学的特色，元好问也因此备受后人赞誉。

▲景德镇窑影青瓷狮尊

该器造型为狮象一体，釉色晶莹，光润细致，狮、象神态生动。本器将造型、堆塑技艺融为一体，鲜见而名贵，似为焚香或烛台陈设用器。

少年读全景中华上下五千年 5

—— 宋元更替 ——

蒙古崛起///疆域空前辽阔的元朝

公 元 1 2 0 6 年 ~ 公 元 1 3 6 8 年

铁木真是蒙古帝国的奠基者、世界历史上最杰出的军事统帅之一。他小时候受尽苦难，尝尽辛酸，但是他在逆境中坚韧不拔，并逐渐崭露头角。十三翼之战是铁木真跟对手札木合的一场战争。此战后，铁木真实力大增，并且赢得了民心，为统一蒙古奠定了基础。

公元1206年~公元1368年

//////////蒙古崛起//////////

十三翼之战

子赶出了部落。接下来，铁木真母子不停地受到仇人的迫害。他们害怕铁木真成人之后为父报仇，因此把他抓了去，还把他当成战利品到处炫耀。

但是，不久铁木真就伺机逃走了。随后他找到自己的家人，举家搬到了其他地方生活，以免再被侵扰。

为了获得强有力的支持，成年后的铁木真娶了翁吉剌部的孛儿帖为妻，并暗中培植自己的势力。但是刚结婚没多久，铁木真的营地就被蔑儿乞惕部落偷袭。在混战中，其妻孛儿帖成了敌人的俘虏，他则只得躲进了山里，几乎无处容身。

然而，这一系列的打击并没有击垮铁木真，反而坚定了他报仇的决心。

幼年丧父，连遭磨难

铁木真生于1162年，是年，其父蒙古乞颜部酋长也速该征讨塔塔儿部凯旋，可以说是喜上加喜。

然而，祸福难测。数年之后，也速该被塔塔儿部毒杀，其财产也被全部抢走。

也速该死后，铁木真母子受到了族人的排斥和欺压。在本族的祭祖仪式上，尽管铁木真的母亲诃额仑也出席了首领会议，但是却未分得任何猎物。她说了一句话："也速该虽然死了，但你们以为他的儿子长不大吗？"以此来激励铁木真长大后为父报仇。

此后，诃额仑依靠挖野菜抚养孩子们，艰难度日。在困苦的生活中，铁木真的意志受到了磨炼，他心里的复仇之火也渐渐点燃。

后来，为避免节外生枝，族人还将铁木真母

困境成长，雄鹰展翅

考虑到自己势单力薄，而蒙古诸部间冲突不断，铁木真打算利用各部落之间的不和，联合实力雄厚的部落，壮大自己。

▼（元）青花飞凤草虫纹八角葫芦瓶

葫芦种子多，瓜蔓长，被古人寄寓了多子多孙、世代延绵等吉祥之意，全国各地不少窑址都曾制作过葫芦造型的瓷器。

1234年

他首先想到了克烈部的头领王罕，王罕是铁木真之父的拜把兄弟。为了获得王罕的援助，铁木真给他送上了大礼，并且尊王罕为义父。

随后，铁木真又拉拢了另一个部落领袖札木合，并和他义结金兰，渐渐扩充自己的实力。

为了一雪当年的夺妻之耻，铁木真请求王罕、札木合派兵协助，加上自己的兵马，总计几万人。他率兵突袭了蔑儿乞惕部，抢回了被掳去的妻子，并杀了蔑儿乞惕部中的很多仇人。

不久，铁木真将营帐迁到了怯绿连河上游，慢慢有了自己的地盘。他大量结交盟友，培植嫡系部队。他待人宽厚，练兵有术，很多人都乐于投靠他。

铁木真这只雄鹰羽翼渐丰，做好了翱翔九天的准备。

十三翼之战，打下统一基础

俗语说："没有永远的敌人，只有永远的利益。"看着铁木真的实力一天天增长，札木合渐渐坐不住了。

此时，草原上各个部落混战不休，战事连连。谁只要有实力，就可统领各部，做草原之主。铁木真和札木合二人心中有数，彼此的矛盾越来越突出，已到了剑拔弩张的地步。

就在札木合苦于没有借口撕破脸皮的时候，其弟给察儿因抢夺铁木真的马群而死于铁木真的族人之手。札木合以此为借口，集合三万人马讨伐铁木真。

铁木真调集了三万人马，分成十三翼迎敌，两军在答兰巴勒主惕进行了一场激战。札木合大军指挥有序，动作迅速，战斗力强，而铁木真的军队没有实战经验，并且是匆忙应战，因此不久就陷入了被动状态。铁木真见状，立刻下令部队

按战前计划退守哲列谷口。哲列谷口四周皆是山脉，地势险峻，仅有一条很窄的山口跟外界相连，易守难攻。铁木真的军队倚仗天险将札木合大军挡在了外面。

强攻不得，而铁木真又坚守不出，札木合渐渐沉不住气了。为了恐吓对手，他使出了残忍的手段。但是，这不仅没有恐吓到铁木真的将士，反倒激发了他们的斗志。众将士齐心协力，共同御敌。札木合愈发难以攻进去，无奈之下，只好撤军。

札木合来势汹汹，并将铁木真部队赶入了哲列谷，表面上似乎赢得了战争。事实上，札木合的部队在跟铁木真军作战时伤亡很大，而铁木真凭险坚守，相对来说伤亡较少，主力军尚在。

另外，札木合在谷前的暴行不但唤起了铁木真部队的斗志，还让自己的部下心生不满。他们看到铁木真对部下宽容仁爱，于是后来陆续投靠了他。

十三翼之战后，铁木真的军事实力又得到加强，政治声望也进一步上升，为他日后统一蒙古奠定了初步基础。

▲（元）吴镇 《芦花寒雁图》

纵83.3厘米，横27.8厘米，现藏于北京故宫博物院。此图所绘溪中芦苇丛生，有一叶扁舟，一人坐舟中抬头眺望，两只寒雁翱翔水面。芦苇渔舟用细笔勾描，远树滩头随意点染，笔法灵活，水墨湿润，意境幽深。

公元1206年～公元1368年

//////////蒙古崛起//////////

铁木真统一蒙古

十三翼之战后，铁木真苦心经营，东征西讨，终于在1205年统一了蒙古诸部，统治了东起兴安岭、西到阿尔泰山、南至阴山的广大地区。蒙古的统一是中国历史上的一件大事，它对中国历史乃至欧、亚两洲很多国家的历史，都产生了深远影响。

征服塔塔儿

塔塔儿部是蒙古高原上各部落中实力较强的一支，跟铁木真所在的部落一直有仇，曾毒杀铁木真的父亲。

铁木真在塔塔儿部头领蔑古真反抗金国的压迫时，曾与金军合作，发兵攻打塔塔儿部。为确保成功，他还派人约王罕发兵，王罕马上答应了。两路兵马会师后，一起杀向塔塔儿部的老巢。铁木真在部将博尔术等人的协助下，击败塔塔儿部军队，斩下敌酋首级，祭奠先祖。

塔塔儿部战败以后，收罗残部，坚持战斗。一年以后，铁木真联合王罕，再次发兵，终于彻底灭亡了塔塔儿部。

在作战过程中，铁木真树立了严明的军纪，下令"如战胜敌人，不许立刻抢夺财物，要待完全胜利后共同分配。如果战败，必须突围回到原阵地，再返身冲杀，有敢不返者，斩首示众"。

此举得到了全军将士的支持和拥护，使军队向心力越来越强。

决裂"安答"札木合

报完父仇后，铁木真实力增强，引发了草原诸部的不安，乃蛮、塔塔儿、蔑儿乞惕、泰亦赤兀惕等部落首领拥戴札木合为"古儿汗"，就是众汗之汗的意思，发誓跟铁木真作对，共讨铁木真和王罕。

札木合带领的联军妄想突袭铁木真，于是从克鲁伦河逆流而上，奔向铁木真驻地。可惜军机外泄，铁木真迅速准备，和王罕部沿着克鲁伦河迎击札木合，两军在克鲁伦河的下游盆地——赤忽儿忽遭遇。

铁木真看到敌军数量占优并且士气正旺，就撤退到阔亦田。札木合大

▲铁木真像

铁木真，姓孛儿只斤，生于蒙古乞颜部首领之家。他统一蒙古各部，在历史上起了进步作用。

1235年

◎看世界／卢森堡的约翰加冕　　　　◎时间／1311年　　　　◎关键词／约翰布拉格

▶（元）青花梅瓶

成熟的青花瓷出现在元代的景德镇。元青花瓷胎体厚重，造型饱满，胎色略带灰、黄。

军尾随而至，两军在阔亦田大战，最终札木合带领的联军败北，铁木真军追杀札木合至额尔古纳河，札木合被迫投降。

而泰亦赤兀惕头领阿兀楚巴特尔则领着部下渡过斡难河，跟铁木真进行了几次战斗，双方均有输有赢。铁木真在作战时不幸颈部中箭，只得停战，泰亦赤兀惕军借机连夜撤走。

之后，铁木真带伤追赶，最终俘虏并杀死了阿兀楚巴特尔和他的家属，泰亦赤兀惕部的族人则归降了铁木真，铁木真还得到了哲别等大将。

父子反目

在铁木真发展壮大的过程中，王罕给了他许多支持和帮助，而铁木真也数次发兵替王罕除去敌对势力，作为对他的报答，他们是名义上的父子，感情很好。

然而，随着共同的敌人日渐减少，铁木真和王罕开始呈现并立之势。王罕意识到铁木真对自己是个威胁，而铁木真也随时提防着王罕。

虽然如此，铁木真仍自知实力不如王罕，所以还是努力和王罕交好，并提出欲将其女嫁与桑昆之子（桑昆乃王罕之子），但王罕拒绝了这门亲事，认为"毡墙之民"没资格与贵族通婚。后来在桑昆等人的劝说下，王罕欲借婚礼之机杀了铁木真，遂又表示同意联姻，并且挑好日子要铁木真带家人去为儿女们举行大婚。

铁木真按约前去，但在离王罕帐庭只有一天路程的地方，他得到了婚礼是个骗局的消息。他所带兵马不多，又是仓促应战，于是惨败而归。

损失严重的铁木真收罗残部，准备东山再起。他与属下同饮巴勒渚纳河水，对天盟誓："使我克定大业，当与诸人同甘苦，苟渝此言，有如河水。"此即著名的巴勒渚纳誓约。

与此同时，在王罕军内部，已投降王罕的札木合等人以为铁木真势力已除，便企图反叛并除掉王罕，后来阴谋暴露，札木合被王罕打败，然而，王罕的实力也因此大为削弱。

铁木真乘机率部突袭王罕，大获全胜，不仅灭掉了王罕部，而且在战斗中收降了很多人。

王罕部被灭，使铁木真统一蒙古的步伐又向前迈了一大步。

吞并乃蛮部落

铁木真灭掉王罕之后，据有了东蒙古的广大地区，但是西蒙古仍然存在着一个实力强大的部落，这就是乃蛮王塔阳罕带领的乃蛮部。许多被铁木真击败的敌人都逃到了塔阳罕那里，不仅有札木合，还包括蔑儿乞惕部首领脱脱别乞等人。铁木真欲统一蒙古，就必须灭掉乃蛮部。

1204年，铁木真发动了对乃蛮部的战争。此战非常激烈，铁木真身先士卒，冲在最前面，在铁木真军队猛烈的进攻下，乃蛮军陆续败退，乃蛮王塔阳罕也负了重伤，不久即死亡，乃蛮部灭亡。

乃蛮部灭亡后，别的弱小部落也陆续投靠了铁木真，铁木真最终实现了统一蒙古的伟业。

统一蒙古之后，铁木真指挥着能征善战的蒙古大军，开始了征服世界之旅。他"深沉有大略，用兵如神"，铁骑所到，战无不胜，攻无不克。在他的统领下，蒙古帝国很快横扫了欧、亚大陆，领土不停地向外扩张，铁木真也成为历史上最伟大的军事家之一。

公元1206年～公元1368年
//////////蒙古崛起//////////
一代天骄成吉思汗

会上，铁木真被诸部共推为整个蒙古的大汗，尊称为"成吉思汗"（成吉思乃"大海"之意，成吉思汗意为颂扬铁木真像海一样伟大）。

通过多年的征伐，铁木真最终创建了威名远播的蒙古汗国，统治着东起呼伦贝尔草原、西达阿尔泰山的广大地区。

立国以后的成吉思汗并没有满足。他又开始东征西讨，凭借过人的胆识和卓绝的智慧，创造了一个又一个让世界震惊的奇迹。

在他的指挥下，蒙古军队所向披靡，攻占撒麻耳干、花剌子模、巴里黑、海拉特等地区和国家，并灭了西辽、西夏等国，可说是一个名副其实的"征服者"。

一统大漠，尊号成吉思汗

1206年，铁木真带领有功之臣在斡难河源头举行庆功大会，全蒙古的贵族也都来参加。

▼元太祖成吉思汗像
作为蒙古的开国君主和伟大的军事统帅，成吉思汗统一蒙古各部，攻金灭夏，为元朝的建立奠定了基础。

出征花剌子模，扫平中亚

成吉思汗攻打花剌子模并不是出于本意，他本想跟花剌子模人确立良好的经济和政治关系。

战前，双方在经济上互有往来，成吉思汗一直对花剌子模的商队十分客气，但是后来却发生了蒙古的商人被花剌子模人劫杀的事件。成吉思汗知道后非常震怒，但依然打算以和平方式了结此事，遂派人出使花剌子模国，请求严惩案犯并补偿损失。不料，这个合理要求却被花剌子模人拒绝了，他们还处死了蒙古使臣。

成吉思汗忍无可忍，决意复仇。1219年，成吉思汗亲率大军征讨花剌子模，大军像潮水一样从蒙古草原席卷而来。蒙古军队出兵之快，使花剌子模人惊诧万分，面对突然而至的蒙古军队，花剌子模人乱作一团。成吉思汗将军队分为三路，

〉〉〉南宋四川安抚制置使余玠充分发挥四川大山深谷、激流险滩的地理优势，开始依山修筑包括钓鱼城在内的二十座山城。

他亲率大军直接攻下了讹答剌、不花喇等地，进行了掠夺和屠杀。

随后，蒙古军队进攻花剌子模国国王摩诃末派兵十万镇守的撒麻耳干城。当成吉思汗看到强攻不下时，便快速改变了策略，用计从内部分化敌人，最后里应外合攻下该城。

紧接着，蒙古军队陆续歼灭了花剌子模人的余部，攻占了含帕米尔高原，今天的阿富汗、伊朗、伊拉克等地在内的大片领土，彻底扫平了中亚，打开了通往欧洲的门户。

从此，成吉思汗及其子孙踏上了征服世界的道路。

六次发兵西夏，遗言灭金

对成吉思汗而言，西夏是他最头疼的对手，他六次出兵攻西夏，前后历时二十多年。然而，这场战争持续这么久的原因并非是西夏的顽强抵抗，而是它多变的对外政策。

对于性格刚毅、光明磊落的成吉思汗来说，西夏这种反复无常的行为无疑是对他的一种蔑视和挑衅，最终，这种长时间的挑衅激怒了成吉思汗。他决意灭掉这个出尔反尔的国家，终止这场闹剧。在第六次出兵时，蒙古军队终于扫平了西夏。

可惜，这也是他的最后一战。在灭西夏前夕，成吉思汗病逝，走完了他近五十年

▶（元）青花八角形玉壶春瓶
整体造型规整，内外均施透明釉。

的军旅生涯。据传，他在临终前留下灭金国的遗言。六年之后，成吉思汗的儿子窝阔台和拖雷带领诸将灭掉了金国。

是非功过，留与后人评说

铁木真在乱世之中一统蒙古诸部，创建了统一的蒙古汗国，使蒙古牧民丰衣足食，也使自己成为人们崇拜的英雄。

从中国历史的角度来看，成吉思汗的子孙结束了华夏大地从唐朝之后开始的多个政权并立的局面，创建了元朝，完成了统一全国的重任，并且奠定了现代中国的基本版图。

就世界历史而言，成吉思汗和他的子孙率领蒙古大军横扫欧亚大陆，冲击了中世纪时欧洲的黑暗统治，加强了东西方文化交流，带动了人类文明向前发展。

成吉思汗的军事才干冠绝一时，到现在人们还在研究和学习他的军事思想。他赞成甚至鼓励宗教自由，并不强制要求占领地的百姓改信其他的宗教。但与此同时，他的军队每占领一地，都大肆烧杀抢掠，普通百姓惨遭屠杀，许多文明也被破坏。

因此，有人颂扬成吉思汗是绝世英豪，也有人谴责他是冷血的屠夫，总之他的身上集中了人性中文明和野蛮的两个极端。这个褒贬不一的人物，永远值得后人评说。

速不台是蒙古大将，也是成吉思汗的得力部将之一。他征战过很多地方，东到高丽，西至波兰、匈牙利，北达西伯利亚，南到开封都有他的足迹。他也因此成为古代世界里征战地域最广的将领之一。速不台拥有杰出的军事才能，他在欧洲的行军作战方法至今仍被欧洲军事理论家所称道。他精于运动战和迂回作战，西方军事家将他誉为"野战之王"。

公元1206年～公元1368年

/////////////////蒙古崛起/////////////////

野战之王速不台

蒙古悍将，野战之王

速不台很早就追随成吉思汗，是成吉思汗忠实的"那可儿"（蒙语，伙伴之意）。

速不台英勇善战，在统一蒙古的过程中多次立下大功，成为成吉思汗麾下的四大名将之一。他曾跟着成吉思汗攻打金国，一马当先，第一个登上城墙，击败敌军，攻进桓州。1216年，速不台全歼蔑儿乞惕残部，恰好遭遇了花剌子模国王摩诃末的军队，他迎头痛击，差点活捉摩诃末。1219年他随军西征花剌子模，1220年，他协助成吉思汗攻占了撒麻耳干、

不花剌城。不久，他领命跟哲别一起追杀逃跑的摩诃末，逼得摩诃末逃到宽田吉思海的小岛上，很快力竭而亡。1222年，他翻过高加索山，将钦察人和阿兰人分而击之，大获全胜。1223年，他剿灭俄罗斯诸公国与钦察联军，收到成吉思汗亡故的消息后，遂率军回朝。1235年，他充任前锋，领兵西征，征服俄罗斯诸公国。1241年，他攻入匈牙利，在塞约河边绕道而行，渡过该河，与拔都合力全歼匈牙利国王贝拉四世指挥的匈牙利军队。1242年，他在西征前线收到窝阔台的死讯，率军回朝，六年后，死于自己帐中。

▶《蒙古骑兵攻战图》
出自费志尼（伊朗）所著的《世界征服者史》，描绘的是蒙古骑兵在中亚作战时的情景。

速不台指挥蒙古铁骑，把野战战术发挥得淋漓尽致。他长于迂回作战和分兵夹击，迂回的战场通常要跨越数个国家。另外，速不台在作战中首次大规模运用间谍部队，这让他对中东战场和欧洲战场都极其熟悉，其"野战之王"的美誉实在受之无愧。

进攻匈牙利

进攻匈牙利是展现速不台作战风格的代表战役之一。

为了详细掌握东欧的情况，速不台预先派出大量间谍前往东欧诸国刺探军情，收集资料，了解到东欧诸国皇室贵族通过联姻已经织成了一张错综复杂的关系网，借此互相照应。

针对这种情况，速不台兵分三路。右路由察合台的儿子拜答儿和窝阔台的孙子海都带兵两万，迅速北进，直逼波兰，为的是不让匈牙利国王贝拉四世的姻亲波兰国王发兵救援。中路由他本人与拔都率领大军四万进逼匈牙利。左路由窝阔台的儿子合丹带兵一万以备随时接应。

匈牙利国王贝拉四世了解到蒙古大军的动向后，马上调集十万人马欲跟蒙古军决战。速不台指挥主力部队暂避匈军锋芒，往后撤了一些。最后，两军对垒于绍约河畔。

匈牙利军误判河对岸为蒙古军主力之后，快速抢占了一个大的桥头堡，还在河西岸筑成牢固的兵营，等待蒙古军进攻。蒙古军在拂晓前发动了猛攻，匈牙利守军无力抵抗，一触即溃。蒙古军借机快速过桥，进攻匈牙利军主力。

贝拉四世胸有成竹地调动部队，以为能一举打败人数大大少于己方的蒙古军，但是他不久就意识到这并非蒙古军主力。蒙古军主力在距此近百里的地方星夜渡河，正从匈军背后攻来。阵形大乱的匈牙利军马上退回牢固的兵营坚守。

蒙古军发动了对匈军前所未见的猛攻，并运用了"围城必阙"之策。走投无路的匈牙利军将士看到自己城池的一侧有个缺口，争相从此处逃跑，轻装上阵的蒙古军乘势砍杀疲惫不堪的匈牙利军士兵。

塞约河一役，匈牙利军损失大概七万人。东欧装备最精良的部队被全歼，震惊了罗马教廷和整个欧洲，欧洲各国人民都因担心本国成为蒙古军下一个打击目标而寝食难安。就在蒙古

▶（元）青花盘
此盘的盘面被分割成规则的几何空间，各个部位画有重复或连续的图案。图案呈平面排列，花纹变化多端，画风饱满，器物表面留白很少。

军浩浩荡荡地进军维也纳之际，蒙古大汗窝阔台病亡，速不台只得率军回朝。

蒙古军走后，匈牙利和波兰满目疮痍，人烟绝迹，成了一片废墟。

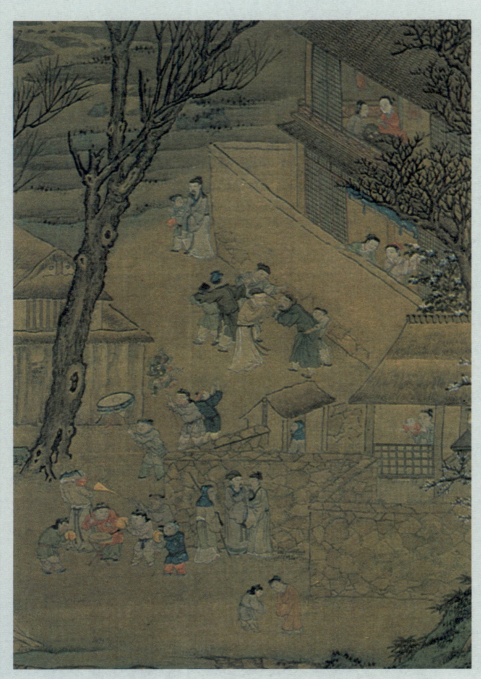

◀（元）《岁朝图》

《岁朝图》是庆祝新一年开始并预祝新年平安吉庆的吉祥画。岁朝图可分为两类，一类描绘人们过节时的情景，一类描绘时令花卉，本图属于第一类。画中男女彩服相贺，庭前孩童成队，屋内主客围炉小酌，各得其趣，热闹非凡。

木华黎是成吉思汗帐下四大名将之一，也是蒙古汗国的开国元勋。木华黎主要在中原地区指挥作战。成吉思汗西征后，他独立负责伐金事宜，凭借自己杰出的军事才能，取得了一次又一次的胜利。他还转变了蒙古军队屠城抢掠然后退去的作战风格，为蒙古汗国制定了长期占领、逐渐征服的策略。

公元1206年～公元1368年
//////////蒙古崛起//////////
开国功臣木华黎

忠心耿耿，救主于危难中

木华黎是蒙古汗国的开国元老，成吉思汗麾下四杰之一，也是成吉思汗最信任的部下。13世纪初，木华黎为蒙古汗国的建立和灭掉金国立下了汗马功劳。

木华黎比成吉思汗晚生数年。史书记载他出世时"白气充帐"，成年之后的木华黎身强体壮，胡子很多，面色黝黑，长于弓箭，力大无穷，而且足智多谋。

时逢乱世，草原各部落之间征战不休，许多

无辜百姓惨遭杀戮和压迫，无处可逃。木华黎之父迫于生计，将他献给了当时蒙古乞颜部的头领铁木真。

这就像千里马遇上了伯乐。铁木真十分器重木华黎，而木华黎也对铁木真赤胆忠心。一次，铁木真仅带了三十多名骑兵出行，出发前问木华黎："此中或遇寇，当奈何？"木华黎不假思索地答道："请以身当之。"没想到，半路尽然真的遇到敌人来袭。木华黎果断地引弓射箭，连续射杀了三名敌军，随后立即下马，取下马鞍，两手展开马鞍，立于铁木真前面，用自己的身体抵挡敌军的弓箭。所幸的是，在随行人员的合力保护下，铁木真最终毫发无损，木华黎也只是受了点轻伤。

木华黎深受成吉思汗信任，成吉思汗委派他全权负责伐金事宜，而自己则全力筹备西征。为了帮木华黎立威，成吉思汗钦赐他皇权的象征——九旄大旗。铁木真还对各将谕令："木华黎建此旗以出号令，如朕亲临也。"

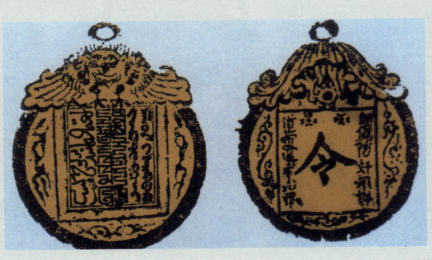

▶ （元）急递铺令牌
急递铺是中国古代邮驿组织之一，始于宋，在元朝已普遍推广，至明代则成为与水马驿、递运所并称的邮驿三大机构之一，且居于首位，日夜不停地为国家政治、经济、文化服务，在巩固封建政权中起着巨大作用。

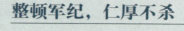
攻打金国，英勇作战

木华黎有勇有谋，不惧强敌，在战场上总是一马当先，以身作则。

1211年，木华黎跟金军战于野狐岭。面对金国四十万大军，他激励将士说："彼众我寡，弗致死力战，未易破也。"言罢，率先举刀杀入金军阵中。众将士一拥而上，竭力死战，大破金军。

1214年，成吉思汗派木华黎专事讨伐辽西各郡。木华黎带兵长驱直入，在大破金军的二十万大军后，攻下了北京并留人守城。

1216年，大将张致反叛，木华黎奉命率兵镇压。对双方军情进行深入分析之后，他认为张致军队骁勇善战，并且占据有利地形，不能速战速决，于是采取了引蛇出洞、乘机阻击的策略。

随后，他派人带兵前去攻打张致的溜石山堡据点，又命部将蒙古不花去永德地区设下埋伏。

不久，张致收到溜石山堡遭到突袭的消息，果然发兵前去支援。蒙古不花探得消息，一边派骑兵截断了敌军的归路，一边急报木华黎。木华黎星夜领兵前往，与敌军遇个正着。

这时，蒙古不花的军队也及时赶到了。两人前后夹击，经过激战，大败张致军，斩杀了许多敌军。而后，木华黎乘胜追击，很快便镇压了这次叛乱。

1217年，木华黎受命全权处理伐金事宜，至1223年病亡为止。几年的时间里，他差不多每天都在跟金军交战，并率兵占领了辽西、辽东、山东、河北等广大地区。

整顿军纪，仁厚不杀

蒙古军队打仗，每攻下一座城池就大肆屠城抢掠，非常残忍。在杀戮征伐中成长起来的木华黎原先也一直实行这种政策。后来，他因攻打辽西、占领北京损兵折将而心生怒意，打算将降兵全部处死，但被部下肖也先及时制止了。

肖也先进言道："北京为辽西重镇，既降而坑之，后岂有降者乎？"

木华黎觉得言之有理，于是取消了处死降兵的打算，并留兵守城。

从此以后，他用招安政策取代了屠杀之举，此策有利于蒙古军队的壮大，也使许多平民免于被屠。很多金兵将听说只要向木华黎投降就可免于一死，纷纷弃城出降。因此，木华黎的大军经常不费吹灰之力就能占领金国的城池。

为了彻底根除蒙古军屠城劫掠的陋习，木华黎还大力整饬军纪，明令规定：蒙古士兵进城后若有抢掠者，按军法治罪，决不留情。他还下令将从前抓来的男女老幼通通释放回家。

由于灭金之战未能速战速决，木华黎决意长期占领打下来的地区，以此为基础，慢慢灭掉金国。他的"仁厚不杀"之策，使得占领区政权得到巩固。

木华黎为蒙古汗国的建立、扩张甚至后来元朝的创立奠定了基础。

◀（元）青花四螭耳双龙扁瓶

元代瓷器龙纹继承了宋时的生动造型。本瓶刻的是"二龙戏珠"，两龙虽然并不对称，但构图上仍然十分和谐统一。

>>> 蒙古大汗蒙哥调动三路大军全面侵宋。

哲别是蒙古汗国开国元老，也是成吉思汗麾下四大名将之一。哲别英勇善战，箭法精准，被称为"成吉思汗的神箭"。他东征西讨，展现了过人的胆识和卓越的军事才能。那时的欧洲人谈起东方游牧民族的骑射技术，第一个联想到的就是哲别。

公元1206年~公元1368年
//////////蒙古崛起//////////
神箭手哲别

第一神箭

哲别是蒙语的汉语音译，本意为神箭手。成吉思汗统领的蒙古铁骑擅长骑射，蒙古士兵全都是神射手，但是最广为人知的可能就是哲别了。

哲别早年曾随泰赤乌部战斗，在成吉思汗和泰赤乌部的一次交战中，哲别射伤了成吉思汗的战马。后来，他投降了成吉思汗，成吉思汗因其箭术精准而赐给他哲别这个名字。

《蒙古秘史》中，记载了成吉思汗在收降哲别时对他承认射马这一行为的赞美："别的跟我为敌之人，皆会隐匿自己的罪行，但是你却直言自己的害人之事。你很诚实，值得结交！换掉你的本名只儿豁阿歹吧，由于你射中了我坐骑的脖子，就为你改名为哲别，跟随保护我吧！"

此后，哲别跟随成吉思汗东征西讨、屡建奇功，成为其麾下四大名将之一，并被称为"第一箭神"。

神箭射向西方

1218年，哲别统领本部两个万人队向西辽发动进攻，兵锋开始指向西方。

时值西辽执政者屈出律汗推行宗教压迫政策，大失民心。

哲别根据这种形势，到达西辽后立即通告实行宗教自由政策，获得了很多西辽百姓的支持。屈出律汗不战而逃，哲别尾随而去，最终抓住了他并将其斩首。

哲别征服西辽后，成吉思汗统兵大举征讨花剌子模，花剌子模大败，国王摩诃末向西逃窜。哲别受命和速不台率军一路追杀，途中顺便灭了反抗的城市。他们一直追到了田吉思海边，摩诃末逃到田吉思海的一个小岛上，力竭而死。

1221年，哲别又陆续打下了剌夷城以及可疾云、哈马丹等地区。而后又向西北进军，征服了阿哲尔拜占和谷儿只地区。蒙古军还绕过里海，翻过高加索山，兵锋直指钦察草原。蒙古军攻入钦察草原后，抵达了克里米亚半岛，碰上了阿速部和钦察部联军。

因为兵力有限，蒙古军很难跟两部联军对抗，哲别于是巧施分化之计，拆散了两部。没有了钦察部的支持，孤军作战的阿速人不久就败于蒙古军之手，蒙古军携

◀（元）白地铁绘儿童唐草纹瓶
唐代以后，唐草纹传承不断，素材除忍冬、牡丹以外，又有石榴、荷花、菊花、兰花等，多作为建筑及家具、陶瓷等事物的装饰。

胜利之威转攻钦察部，取得了胜利。

钦察部逃到斡罗思求助。1223年，乞瓦公国牵头与斡罗思诸部、钦察残部组成联军，抵抗蒙古军。

因为敌众我寡，所以哲别运用了诱敌深入之策，挥师东撤，引诱敌军追击。哲别到达勒伽河畔时，立即停止了撤退。之后让速不台带领小部分军队攻打联军，速不台很快诈败逃走，沾沾自喜的联军尾随而来，也到了勒伽河边。此时，哲别亲自统领伏兵杀出，联军被突袭后，立即乱成一团，速不台也趁机率军反击，被围攻的联军完败于数量不多的蒙古军。

神箭陨落

1224年，哲别率部抵达黑海以北的第聂伯河。为了对抗蒙古军，这一地区的俄罗斯城邦联合作战，组成了一支实力强大的俄罗斯军团。

哲别依然采用诈败的计策，几个回合就假装败下阵来，然后带领蒙古军逃走，诱使俄罗斯军团深入追击。

过了十几天，筋疲力尽的俄罗斯军团先锋在迦勒迦河岸边追上了蒙古军。这时蒙古军早已经占据了最有利的地形和位置，以逸待劳。

两军对垒，更换过马匹的蒙古军士气如虹，而俄罗斯联军却早已经筋疲力尽，士气全无。蒙古军

运用"静攻"之策，利用旗帜打出旗语指挥各部队的行动。他们打出旗语，要骑马的弓箭手静悄悄地向俄罗斯步兵阵列快速进军，然后在敌人的攻击范围之外停下，万弩齐发。俄罗斯步兵纷纷溃退，四散逃亡。

而当俄罗斯的弓箭手往蒙古军这边射箭的时候，却发觉蒙古军在自己的射程之外。蒙古军脸带嘲讽地拾起俄罗斯军队射来的箭，随后将其射还给他们。被打蒙了的俄罗斯军队兵败如山倒，溃不成军。

值得一提的是，蒙古军在打造箭时动了一番脑筋，使得他们的箭不能为俄罗斯军队所用，因此就算俄罗斯军队得到这样的箭，也用不了。

随后，取胜的蒙古军处死了很多俄罗斯城邦的王公贵族。

就在哲别准备继续进兵时，他收到了成吉思汗大军结束西征、率军回朝的消息，于是他率军东归。在回师的途中，曾威震蒙古草原、大败金国、攻占西辽和钦察草原的神箭手哲别，由于常年行军、劳累过度，病逝于军中。

◀（元）黄绿釉骑马陶俑

马通体施绿釉，鬃毛是白色的。马背上的男俑内穿黄色紧袖长衣，外罩白色长衫，双手作持物状。这个陶俑刻画细腻，形态逼真，是难得的精品。

〉〉〉大数学家秦九韶卒。秦九韶与李冶、杨辉、朱世杰并称宋元数学四大家。

◎看世界／波兰国王加冕　　　　◎时间／1320年　　　　◎关键词／瓦迪斯瓦夫一世

拖雷是成吉思汗的第四子，他英勇善战，战功赫赫，是一位优秀的军事家。成吉思汗亡故后，由他摄政。后来，他支持哥哥窝阔台登基。拖雷的死因一直是一个谜，有人认为他在皇室的权力斗争中被杀，也有人认为他是为兄代病，死得伟大。

统领军队，善战凶残

拖雷是成吉思汗的第四个儿子，他和正妻唆鲁禾帖尼育有蒙哥、忽必烈、旭烈兀、阿里不哥四子。

拖雷少年时就跟着父亲参加战斗。成年之后，他带领军队四处征伐，战功赫赫，为蒙古帝国的建立做出了很大贡献。

1219年，拖雷跟着父亲西征。父子俩带领主力部队直逼花剌子模的不花剌城，并将其一举攻克。在父亲的命令下，拖雷又率一支军队越过阿姆河，攻占了呼罗珊诸城。

后来，成吉思汗攻打塔里寒寨时，遭到顽强抵抗，蒙古军打了七个

公元1206年~公元1368年
/////////蒙古崛起/////////
元睿宗拖雷

多月，始终拿不下来。拖雷受命回师跟成吉思汗一起围攻塔里寒寨，这才拿下了此城。

有一次，一支蒙古军小分队在马鲁城下被尽歼。拖雷知道后，在1221年春指挥七万大军围攻马鲁，马鲁守军出城投降。拖雷起先承诺不会屠城，但当蒙古大军进城后，却把城中所有军民尽数坑杀，仅留下了城中的四百个工匠。此次屠杀，死难者多达七十万。

1221年，拖雷进攻你沙不儿，守军欲献城归降，被拖雷拒绝。拖雷命令部下用大炮、抛石机强攻该城，攻下之后立即屠城。

拖雷所经之地，各城皆被血洗。屠城是蒙古帝国的一种威慑之策。蒙古军队攻占城池的目的是烧杀抢掠，一边扩充自己的经济实力，一边威慑别人，这也是许多人诉病蒙古军队的原因之一。

◀（元）嵌玉镂空龙纹带版插屏

插屏是指屏扇与屏座可装可卸的座屏、砚屏等。插屏一般都是独扇，形体大小各异，主要是用来挡风和遮蔽，同时有装饰的作用。此插屏为嵌玉镂空龙纹带版插屏，年代为元代。

汗位空缺，监摄国政

在成吉思汗的几个儿子中，拖雷无疑是最受宠爱的，而且，当时的蒙古部落有个习俗，即由最小的儿子承袭父业。

不过，成吉思汗在考虑汗位继承人时，认为窝阔台宅心仁厚，长于人际交往，更适合处理朝政，所以决定日后由窝阔台承袭汗位。

根据封建帝制，君王死后，储君应该马上即位。但成吉思汗去世时，蒙古还不是封建社会，库里勒台（部落议事会）依然发挥着重要作用。窝阔台欲登基为汗，只有成吉思汗的遗命是不够的，还得等库里勒台的最终决定。

后来，由于库里勒台意见有分歧，有人支持拖雷，有人支持窝阔台，导致汗位空了两年。这两年里由拖雷摄政，他也由此掌管了蒙古汗国的军政大权，成为当时蒙古汗国的实际执政者。

1229年，为了选出新的大汗，蒙古各部又召开了一次大会。当时，术赤已死，窝阔台又有察合台的大力支持，相比之下，拖雷处于弱势，他最终被迫拥立窝阔台为汗。

拖雷之死，元史谜案

窝阔台成为大汗之后，拖雷继续四处征伐，对蒙古汗国起着举足轻重的作用，所以有人说"拖雷之功，著在社稷"。

但是，这位功勋卓著、对蒙古汗国贡献巨大的英雄却在盛年突然死亡了，原因何在呢？

《元史·睿宗传》中做了较详细的记述，大

▲（元）钧窑大香炉

香炉通体呈天青色，颈部浮雕三只麒麟，正面中央有一方形题记，为楷书铭文，标出的制作时间为己酉年（元武宗至大二年，即1309年）。香炉造型浑厚硕大，表面堆积着厚厚的釉料，闪耀着珠光宝气，气派不凡，是元代钧瓷中的稀世珍品，也是元代繁盛时期的精神面貌的体现。

意是说，窝阔台病得很重，萨满法师说是因灭金时杀伐太重使鬼神震怒所致，要找一个跟窝阔台地位相近的人代他喝一杯符水，才可以救他的命。此时，窝阔台身边跟他地位相差无几的只有拖雷一人。于是，拖雷"祷于天地，以身代之"，将符水一饮而尽。后来窝阔台病愈，而拖雷却死了。

由《蒙古秘史》中的相关记述可知，拖雷喝符水乃萨满法师布下的陷阱。而这件事是窝阔台授意并批准的，因为拖雷功劳太大，窝阔台担心他会威胁到自己的声望和地位。

不过，关于拖雷的死因，史学界并无直接证据，所以专家们对此争议不断，除了上述说法外，还有两种不同的意见。

一种认为拖雷是一位仁义的英雄，他对其兄仁至义尽，诚心替兄赴死。这是《元史》《史集》等史书的作者的观点。

第二种说法是窝阔台和拖雷都被萨满法师玩弄了，那杯水的确有毒，但窝阔台和拖雷都没有察觉。

其实，无论是史料还是推测，都很难准确说出事情的真相。也许，拖雷之死只能成为一个无法破解的千古谜案了。

〉〉〉忽必烈遣孛罗丞相出使伊利汗国（蒙古四大汗国之一），阿鲁浑汗将他留在汗庭参议政事。

元世祖忽必烈是中国历史上赫赫有名的帝王。他执政期间，迁都北京，改国号为元，消灭南宋，奉行汉制，建立了当时世界上最强大、最繁荣的帝国，使中国成为世界各地的使臣、客商、旅行家最为向往的国度。忽必烈统一了中国，创建了中央集权制的多民族国家，把奴隶制的蒙古汗国变成了封建制的元朝，其功勋照耀古今。

公元1206年～公元1368年

//////////蒙古崛起//////////

元世祖忽必烈

平定内乱，统一全国

蒙哥死后，忽必烈和他的弟弟阿里不哥争夺汗位。

1260年，忽必烈在手下将领和一部分蒙古贵族的支持下，在开平登基，夺得了汗位。

按照蒙古祖制，汗位继承人必须在蒙古的兴起之地举行继承仪式，还必须有各系宗王到场见证，这样得到的汗位才算是合法的。所以，当时忽必烈的做法引起了很多贵族王侯的反对，特别是阿里不哥。他听说忽必烈窃取汗位后，便也称王，

跟忽必烈分庭抗礼，从而导致了蒙古汗国持续四年有余的内战。

最后，忽必烈铲除了阿里不哥，巩固了自己的汗位。

1267年，忽必烈听从南宋降将刘整的建议，调集精兵，围攻江、汉之间的军事要地襄、樊二城，但遭到南宋军民的拼死抵抗。

1271年夏天，忽必烈又调四川等地军队水路并发，增援襄、樊，随后占领樊城，襄阳城守将吕文焕被迫投降。襄、樊是江南的门户，拿下此二城后，忽必烈分兵两路，一路向两淮方向进兵，吸引部分宋军，另一路由襄阳顺汉水入长江，兵锋直指南宋都城临安。

1276年初，南宋谢太后、宋恭帝被迫向忽必烈投降，南宋灭亡。至此，中原地区几百年来的分裂局面被终结，元朝完成了统一大业。

推行汉法，建国定制

1271年秋，忽必烈废除大蒙古国国号，取《易经》中"大哉乾元"之意，改国号为"元"，第二年迁都大都。

元朝沿用了中原历代封建王朝的政权框架，使得中央集权制度再次确立，也使得封建统治秩序得以恢复。从此，一个空前绝后的大一统封建帝国诞生了。

忽必烈一直深受汉文化的影响，所以从1260年登基起，他就确立了以儒治国、广行汉法的基

◀元世祖忽必烈像

忽必烈，元朝的首位皇帝，杰出的政治家和军事家。1260年即蒙古大汗位，实行汉法；1271年改大蒙古国国号为"元"；1279年灭南宋，统一中国；1294年去世，庙号世祖。

本方针。

他丰富了中书省制度，增设枢密院，掌管全国军务；在中央组建了复杂而规模巨大的政府机构，在地方设置行省、廉访司等。行省是行中书省的简称，负责一省政务。行省制加强了中央对地方的控制，对后来各朝的政治制度产生了重要的影响。元朝之后，行省之名一直沿用至今。

在经济方面，忽必烈劝课农桑，大力倡导农业技术创新，总结农耕经验，引导农民种植，这些举措极大地促进了农业的恢复和发展。

在思想教育领域，忽必烈广建学校，提倡孔孟之道和程朱理学，大大地推动了儒学的发展。

尽管忽必烈以汉法治国，但他也不是全都沿用汉族的规章制度，而是根据蒙古族的利益有所取舍，从而维护了蒙古族的特权。

他还推行民族分化政策，将全国百姓分为四个等级：第一等级是蒙古人；第二等级是色目人，即西域各国人；第三等级是汉人，指的是北方的汉人、契丹人、高丽人、女真人等；第四等级是南人，即南宋旧民。这种不平等的民族政策，导致阶级矛盾和民族矛盾日益尖锐。

历史功绩，千秋不朽

从1260年至1294年，元世祖忽必烈当政期间，以自己的雄才伟略，创建了当时世界上最强大、最先进的国家，不仅对中国的历史产生了重要影响，而且深深地影响了世界的历史。

忽必烈在执政期间，扩张了元朝的领土，将一些边疆地区重新纳入中国的版图，并对它们进行了有效的管理。

忽必烈强化了国内各民族之间的联系，加快了民族交融的步伐，不仅推动了少数民族地区经济和科学文化的发展，也使中原各地的经济、文化生活大为丰富。

忽必烈奉行开明的对外政策，促使元朝跟亚洲国家甚至欧洲国家的经济文化联系日益紧密，推动了历史的发展。

忽必烈功勋卓著，但是也犯下了一些错误，比如兴兵攻打朝鲜、日本、越南等国；在国内推行民族压迫政策；延续了蒙古族分地封户的传统，对旧贵族妥协。另外，他穷奢极欲，挥霍无度，使百姓负担过重，最终引发了尖锐的阶级、民族矛盾。

当然，总体来看，他仍然可以称得上是中国历史上的一位伟大帝王。

▲（元）刘贯道《元世祖出猎图》
这是一幅展现元世祖忽必烈出猎时的情景的画作。画中骑黑马、穿白裘的是元世祖，与世祖并驾的妇女似为皇后，其余八人应是侍从，图中人物、马骑、装备皆刻画精细，自然生动。

〉〉〉水利专家郭守敬开始主持开凿通惠河的工程，欲将昌平及西山一带泉水汇引湖内，使之成为元大都城内接济漕运的水库。

◎看世界/欧洲黑死病蔓延　　　◎时间/1348年　　　◎关键词/人口锐减

元成宗名叫铁穆耳，是蒙古汗国的第六位大汗，元朝的第二位皇帝。他执政期间，不再对外征伐，而是潜心于整饬朝政，促使社会矛盾趋于缓和，可谓政绩斐然。但是他执政晚期，政局混乱，吏治腐败，国家财政赤字严重，政权越来越腐朽，加上铁穆耳死前未确立继位人选，因此造成了元朝政局的动荡。

公元1206年~公元1368年
////////蒙古崛起////////
功过相当元成宗

无大过。"（元）成宗承天下混壹之后，垂拱而治，可谓善于守成者矣"，这种评价还是很客观的。

元成宗当政时期，最大之过应是征讨"八百媳妇国"，而最大之功则属平定北方诸王的叛乱。

登基称帝，善于守成

忽必烈在位时，谁可以承袭他的治国之道，创造一个太平盛世，是他经常考虑的一个问题，这关系着元朝的国祚能否延续。

忽必烈和部分奉行汉法的大臣曾寄厚望于太子真金，希望他能承前启后，继续以儒治国，开创盛世局面，但是真金太子却不幸早逝，他们的愿望落空了。

真金太子死后，在拥有皇位继承权的诸位王子中，真金的儿子甘麻剌和铁穆耳最有可能继承大统。这两个人都很优秀，难分伯仲，所以在立谁为皇位继承人这个问题上，朝廷中出现了派系之争。

最终，铁穆耳凭借其母阔阔真和奉行汉法的大臣的支持登上了皇位，是为元成宗。

元成宗登基之后，立即对拥立自己的大臣大加封赏，对反对派也加以安抚，从而缓和了统治阶级的矛盾。在政治上，他"尊孔崇儒，倡导德治"，延续了忽必烈以儒治国的治国思路。

但是，他也因标榜"仁义道德"，对于部分案件的处理过于宽容，纵容了贪污腐败的官员，使元朝吏治腐败不断加剧。

总之，元成宗铁穆耳执政期间，虽无大功，亦

出兵"八百媳妇国"

当元成宗的统治日益巩固之后，他便开始羡慕祖辈的赫赫战功，也琢磨着如何立下名垂青史

▼（元）黄公望 《九珠峰翠》
黄公望（1269~1354），元代画家。他曾受赵孟頫影响，并师法荆浩、关仝、李成等人，晚年画风大变，自成一家。他被推为"元季四大家之冠"，作品多描绘江南地区的自然景色。

〉〉〉元朝移瓜、沙二州居民。

的功勋。

云南行省左丞刘深趁机上奏，说西南方有一"八百媳妇国"不肯归顺元朝，应该派兵去征讨，此言正中成宗下怀。尽管有的大臣不赞成讨伐"八百媳妇国"，觉得那是"以有用之民取无用之地"，但是成宗立功心切，根本听不进劝谏，他还下令发行了十万锭纸币，充当军费。

"八百媳妇国"指的是兰那泰王国。据传，该国曾有一个国王娶了八百个媳妇，每个媳妇掌管一个寨子，所以便有了"八百媳妇"之名。兰那泰王国成立于13世纪，大概在今天的缅甸东部，"兰那泰"是百万稻田之意。

1300年，刘深领兵从顺元出发，部队顶着酷热行军，尚未开战，士兵就已死了很多。刘深强征百姓在溪谷险峻之路押送粮草，导致几十万人伤亡，使得当地百姓人人自危。

不仅如此，刘深还威逼水西土司的妻子蛇节拿出三千匹马、三千两银子资助大军，还想霸占她，这使得蛇节很生气，遂联合水东土司宋隆济一起起义。他们一路势如破竹，打进贵州，包围了刘深，大破元军。为了挽回颜面，元成宗下旨革了刘深等人的职，还派猛将刘国杰领兵讨伐宋隆济和蛇节，最后迫使他们缴械投降。

征讨"八百媳妇国"一战，元朝不但一无所获，而且还折损了很多兵马，虚耗了大量财力，边疆也因此不再稳定，这与元成宗预期的结果大相径庭。

平定西北部叛乱

元成宗在位时，西北地区一直有隐患，这是忽必烈同阿里不哥争夺汗位时遗留的，一直威胁着元朝

的统治。

忽必烈在世时，西北诸王就常常袭扰元朝北方的边境，让忽必烈寝食难安，所以他在七十九岁高龄时也被迫亲率大军前去讨伐。

当时，尽管西北诸王内部矛盾重重、争斗不断，但海都和笃哇结盟后却雄踞一方，对元朝构成了强大的威胁。

元成宗登基后，也感到此事很棘手，曾想学忽必烈御驾亲征。但是，在母亲阔阔真的规劝下，他放弃了这个打算。

可是北部边境一直有敌情传来。正当元成宗一筹莫展之际，原来一直跟忽必烈作对的玉木忽儿等三个王爷率众前来投奔元朝，还主动请缨，要求攻打笃哇和海都。

元成宗当然很高兴，遂派人押送钱粮前去犒师。玉木忽儿等人曾是笃哇的盟友，不但了解当地地形，还知道敌军排兵布阵的规律，因此大败笃哇，使得海都非常震怒。

海都亲统大军逼近元朝边境，元成宗派侄儿海山领兵拒敌。两军交战，常胜将军海都最终败北，并且负了重伤，不治而亡。

海都死后，西北剩下的兵将几乎都臣服于元朝，并无条件承认了元成宗的地位。而后，窝阔台汗国、察合台汗国、伊儿汗国和金帐汗国都相继表示臣服于元成宗，使得整个蒙古在形式上又再次统一了起来。

元成宗实现了其祖父未曾实现的目标，也算大功一件。

◀（元）黑釉剔花婴儿纹小口酒瓶
这个白釉黑彩酒瓶色彩对比鲜明，创造性地将中国绘画的技法融入制作过程中，具有引人入胜的艺术魅力。

元英宗名叫硕德八剌，从小就接受儒家教育，精通汉文化。他登基后进行了一系列的改革，稳定了局势，使元朝的面貌大为改观。他是元代中期一名优秀的政治家、改革家，但是他的改革受到一批顽固的蒙古贵族的抵制，最终，他死于叛臣之手，年仅二十岁。元朝此后由盛而衰。

公元1206年～公元1368年
//////////蒙古崛起//////////
英宗新政

扫清障碍，巩固政权

元英宗硕德八剌执政仅四年，即从公元1320年至1323年，尽管执政时间不长，但他却是元朝历史上一位难得的明君。

1320年，仁宗驾崩，英宗登基。此时，太后答己和右丞相铁木迭儿狼狈为奸，把持朝政。铁木迭儿仗着有太后撑腰，十分嚣张，飞扬跋扈，根本没将新君放在眼中。

英宗洞若观火，决意扫清自己执政路上的这块绊脚石。他登基后没多久就以自己的亲信拜住取代铁木迭儿的亲信出任左丞相，此后慢慢巩固自己的地位，强化皇权。

这种做法触动了铁木迭儿一系的利益，招致他们的激烈反对。就在英宗登基的同年，中书平章政事黑驴和御史大夫脱忒哈等人密谋废英宗，改立英宗之弟安王兀都思不花。在铁木迭儿的主使下，黑驴等人还密谋行刺英宗，不过却不慎走漏了消息。

英宗决定先发制人，派宫中卫兵快速出击，逮捕并处死了黑驴等人。铁木迭儿有太后撑腰，逃过一劫，他在家装病，从此不问政事。

1322年，答己、铁木迭儿等人先后死去，英宗终于得掌大权。他命拜住出任右丞相，开始大刀阔斧地进行改革。

励精图治，大行汉法

英宗的父亲仁宗在位时，曾大力推行汉法，为了激励其子学习汉文化，他时常赏赐书籍给英宗。受父亲影响，英宗对汉族的传统文化比较熟悉，拥有一定的汉文化素养，这在元朝帝王中是不多见的。

在清除了执政路上的绊

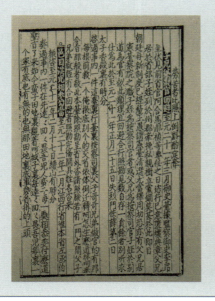

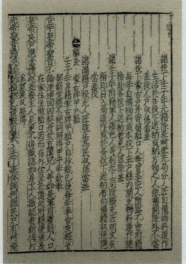

◀《元典章》书影

《元典章》是元代官修《大元圣政国朝典章》的简称，分前、新两集。《元典章》开创了律例按六部分类的形式，其内容包括元世祖中统元年（1260）到元仁宗延祐七年（1320）间的诏令、判例和各种典章制度。

脚石之后，英宗决定在全国范围内推行新政。英宗新政的指导思想就是"以汉法治汉地"，从而根除时弊，中兴元朝。为此，他大规模地任用推崇汉法的大臣，最有代表性的事件就是封推崇汉法的大臣拜住为右丞相，以显示对他的器重和信任，并宣布以后不再设置左丞相。

由于元朝早期战争频繁，军费开支很大，而从元世祖时开始设置的行政机构日益臃肿，官员数量庞大，人浮于事，不仅效率低下，也消耗了大量财力，因此使得国家财政赤字严重，百姓负担沉重，阶级矛盾日益尖锐。

为了改变这些状况，英宗精兵简政，加强中央集权。他下旨行"助役法"，要求地主按比例缴纳税赋，以减轻农民的负担。此举极大促进了农业的发展。

此外，他还推行轻徭薄赋的政策，假如要征发差役，就首先从商家富户开始，从而保护了农业生产所需要的劳力。

为了提高汉法的威信，更好地贯彻实施汉法，元英宗还下令让一些儒士编写了《大元通制》，颁行于天下。《大元通制》是一部元代法令的汇编，它的颁行表示"行汉法"被以法律的形式固定了下来。

英宗的改革顺应了历史发展的要求，让大元帝国重现生机，但是改革触动了许多蒙古贵族的利益，招致了他们的反对。

南坡之变，英年早逝

在这些贵族中，最仇视英宗的应该是铁木迭儿的余党、御史大夫铁失。

铁失能当上御史大夫，完全仰仗铁木迭儿，因此他对铁木迭儿感恩戴德、忠心耿耿。铁失之

▲（元）青花釉裏红缠枝花卉大罐
质地为瓷，高33厘米，直径23厘米，器型硕大，造型古朴，青花颜色艳丽，通体施花卉纹，器表有细小开片。

妹速哥八剌是英宗的皇后。凭借这层关系，他很快攫取了大权，统领了禁卫军。

铁木迭儿死后，英宗下旨严查其余党，铁失一系人人自危，加上英宗的新政严重损害了他们的利益，因此他们秘密谋划，想伺机发动政变。但是，英宗对此却未加以重视，没有察觉。

1323年秋，机会终于出现了。英宗由上都返回大都，在南坡店（距上都三十里）宿营。铁失立即与早已勾搭成奸的其他蒙古诸王硬闯英宗下榻之处，先杀了拜住。之后，铁失亲手将英宗杀死，史称"南坡之变"。

英宗死后，新政被废除。从此，元朝开始走向衰落。

但是，铁失的结局也不好。他向晋王也孙铁木儿示好，想立他为皇帝。后来，也孙铁木儿在龙居河登基，是为泰定帝。泰定帝登基后不久，就以犯上弑君之罪斩了铁失等人。

1297年

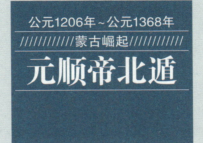

元顺帝是元朝的末代帝王，他当政早期受人牵制，后来铲除异己，掌握了大权，但最终还是没能阻止元朝走向覆亡。面对力量不断壮大的起义军，他走上了北逃蒙古之路，维持着元朝的政权，史家称该政权为北元。北元跟明朝并存，一直威胁着明朝的北部边疆，后来亡于后金。

公元1206年~公元1368年
//////////蒙古崛起//////////
元顺帝北遁

政治牺牲品，幸运做皇帝

元顺帝名妥欢贴睦尔，是元明宗长子。

元朝从忽必烈以后，皇室内部争夺皇位的斗争就非常激烈。1330年春，元文宗弑元明宗后，开始报复明宗一系，妥欢贴睦尔就变成了宫闱斗争的牺牲品。他先被逐于高丽的一个海岛上，后又被逐于静江。

文宗殡天之后，文宗皇后认为帝位不详，拒绝了权臣燕铁木儿立太子燕帖古思为帝的建议，最后，立明宗二儿子懿璘质班为帝，是为宁宗。

不过，宁宗仅做了数月皇帝便归西了。燕铁木儿又建议立燕帖古思。文宗皇后更加相信帝位不祥之说，坚决不答应让自己的儿子做皇帝，就建议立妥欢贴睦尔。

因此，十三岁的妥欢贴睦尔时来运转，被迎回大都，登上了帝位。

关于妥欢贴睦尔的身

世，曾经有这样一种说法——他是宋恭帝的儿子。

宋恭帝四岁登基，两年后宋亡，他被元军俘虏，押往大都，并在大都长大，受封为瀛国公。1288年，元世祖忽必烈命他前往漠北研习佛法。他在漠北潜心于佛经的翻译工作，并成为有道高僧。后来，元英宗命人处死了他，死时五十二岁。明宗曾避祸于漠北，与宋恭帝为友，据《国榷》所载："其后明宗逃居沙漠行帐，适与瀛国公相近，缔好甚密。一夕，明宗方寝，闻瀛国公帐中有笙镛声，问其故？乃婴儿始生而啼也。知其非常人，遂乞归，养为子，是为妥欢贴睦尔是也。"

这种说法尽管并无明证，但在元末明初的时候却一度流行。

擅长平衡之术，在位三十五年

元朝共有十一帝，统治中原不足百年。第一任皇帝元世祖忽必烈自改国号之日算起，执政二十四年。紧接着的九帝共计在位三十八年，这段时期内，宫闱斗争激烈，皇位更替频繁。而末代帝王元顺帝却执政达三十

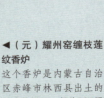

◀（元）耀州窑缠枝莲纹香炉
这个香炉是内蒙古自治区赤峰市林西县出土的元代礼器，口径约19.5厘米，高约17.1厘米，外表施青釉，饰缠枝莲纹。

○看世界／《依仗教皇侵犯王权惩罚令》　　　　○时间／1353年　　　　○关键词／英国议会

余年之久。纵观他当政的三十余年，可以看出他是个善于运用制衡之术的君主。

他登基初期，伯颜专权，他当了七年的傀儡皇帝。1340年，他唆使伯颜的侄儿脱脱夺权，放逐了伯颜等人，掌握了大权。执掌朝政后，元顺帝重用脱脱，编撰辽、金、宋三史，恢复科举制度，整治黄河，加强军事力量，重开海运，似乎欲重振元朝。但事实上，这些举措都是脱脱施行的，而顺帝则在宫中过着声色犬马的生活。

因被人诬陷，脱脱后来被削去兵权，遭到流放，并病死在流放途中。脱脱是元朝的擎天之柱，他死之后，元朝灭亡的脚步加快了，各地起义此起彼伏，大元气数将尽。

随后，哈麻等人专权，他们密谋废黜顺帝，东窗事发后被处死。此时，元朝统治集团内部争夺皇位的斗争越来越激烈，宫闱斗争导致朝政混乱不堪，无人处理政事。

面对这种局势，元顺帝也无计可施，此时各地守将拥兵自立，农民起义如火如荼，元朝的统治处在风雨飘摇之中。

"顺天命"北遁，元朝灭亡

元朝末年，天下大乱，各地农民起义接连不断。

各路义军中，以朱元璋的势力发展最为迅猛。他任人唯贤，在江南地区颇得人心。后来他击败陈友谅，控制了整个江南，随后灭了张士诚等南方势力。

虽然元朝当时形势已经很危急，但百足之虫，死而不僵，元军仍然拥有较强的实力，假如合力

反击，鹿死谁手还不一定。但是各地守将拥兵自立，互相攻伐，自减实力，使得元军很难有效地镇压义军。

在这种局势下，朱元璋接受了部将徐达的建议：从临清直攻大都。1368年，徐达指挥二十万大军从中滦越过黄河，顺着御河，路经临清、长芦，向北进攻，一路势如破竹，所向披靡。同年秋，徐达攻占通州，直逼大都。

元顺帝自觉无力回天，便着手北逃蒙古。一天夜里，他带着太子、妃从健德门逃出，后经居庸关逃到上都开平。他毫发未伤，全身而退，创造了中国历史上的奇迹。

随后，明军占领北京，元朝灭亡。

在朱元璋的追杀下，顺帝由开平逃到和林，后又逃往应昌，回到了蒙古的发祥地。尽管顺帝逃离了中原，但他依然是蒙古的大汗，因此史家将他在蒙古继续统治的政权称为北元。

此后，北元一直和明朝对峙，威胁明朝北部边境的安全，最后亡于后金。

明太祖朱元璋认为，妥欢贴睦尔在城破之前，能够顺应局势，弃城而逃，是顺应天命之举，因此专门为他加号顺帝。后人遂称妥欢贴睦尔为元顺帝。

◀（元）倪瓒 《枫落吴江图》（局部）

本画线条稀疏，墨色淡雅，观者一眼就能看出作者是位远离尘俗，清心寡欲的高士。作者倪瓒是元代画家、诗人，擅画山水、竹石、枯木等，画法疏简，格调天真幽淡。

马可·波罗是世界闻名的旅行家、商人。他生于意大利威尼斯，家中世代经商。元朝时，出于对东方文化的向往，他来到了中国，并将中国之行的所见所闻写成了《马可·波罗游记》一书。该书引起了欧洲人对东方的浓厚兴趣，为他们开辟新航路提供了动力，极大地推动了中西文化的交流和发展。

公元1206年~公元1368年
//////////蒙古崛起//////////
马可·波罗东游

天资聪慧的马可·波罗没多久便学会了朝廷礼仪，还学会了一些蒙古语和汉语，深受忽必烈的器重。

旅居中国的十多年间，他游历了大半个中国，陆续到过甘肃、山西、陕西、四

少年远游中国

马可·波罗出生于拥有古老商业传统的意大利威尼斯，其父马泰奥·波罗和其叔尼古拉·波罗都是商人，常年奔波在外。他们去过君士坦丁堡，在钦察汗国从事过贸易活动。后因钦察汗国和伊儿汗国之间爆发战争，他们选择了回国。在归国途中，他们巧遇奉旭烈兀之命前往元朝的伊儿汗国使节，遂跟使节一起到了大都，并得到忽必烈的接见，还受其嘱托，担当元朝出使罗马教廷的特使。

父亲和叔叔的这番际遇使小马可·波罗对神秘的东方产生了浓厚的兴趣，并萌发了去中国的想法。

1271年，年仅十七岁的马可·波罗终于得偿所愿，随父亲和叔叔带着罗马教廷给忽必烈的回函，开始了中国之旅。

他们历时三年半，尝遍艰辛，终于在1275年夏天来到了中国，并受到忽必烈的隆重接待。他们并在中国定居下来，一直住了十七年。

▲《马可·波罗觐见忽必烈图》

这幅图描绘了年轻的马可·波罗跟随父亲和叔父觐见中国皇帝忽必烈，并递交教皇的信件时的场景。

川、云南、山东、江苏、浙江、福建和北京等地，行程超过万里。

1292年，阔阔真公主远嫁波斯。马可·波罗一家以使者的身份随队到达伊儿汗国，顺利完成任务以后，他们拜别阔阔真公主，踏上归国之路。

《马可·波罗游记》

马可·波罗回国后没多久，威尼斯和热亚那发生海战。为了捍卫国家利益，马可·波罗报名参军，参加了战争。

不幸的是，威尼斯海军最终被热那亚人击

败，马可·波罗被俘虏并被关进了监狱。在狱中，他和小说家鲁思梯切诺相识。马可·波罗为鲁思梯切诺介绍了自己去东方的经历，鲁思梯切诺听后惊得目瞪口呆，决意将它写出来让更多人知道。于是，马可·波罗讲述，鲁思梯切诺记录，一部蜚声世界的巨著——《马可·波罗游记》就这样诞生了。

这本书深深地影响了欧洲人，不仅拓展了中世纪欧洲人的视野，还证明了宗教的谬论和"天圆地方"学说的错误，唤醒了中世纪的欧洲人。

那时，很多知名的航海家和探险家都是因这本书而对神秘富饶的东方产生了向往。他们对东方的寻访，客观上促成了新航道的开辟和新大陆的发现，加速了欧洲的现代化，改变了全世界的历史进程。

马可·波罗所引发的争论

1299年，马可·波罗被释。此后，他开始经商，并有了家室，再也不曾出游过。1324年，马可·波罗死于威尼斯。

马可·波罗尚在世的时候，因为《马可·波罗游记》中所述之事大部分都是人们没听过的，所以他受到了时人的质疑和嘲讽。当时，人们大都戏称他为"百万君"，其一是因为他的确很富有，其二则是嘲讽他在书中计数常以"百万"为

单位。然而，随着新航路的开辟和欧洲人对东方的了解的加深，《马可·波罗游记》中所叙述的事一一得以印证。

虽然普通人打消了对该书的怀疑，但是一些史学家还是质疑其真实性，怀疑的焦点就是马可·波罗是否真的到过中国。19世纪初，史学界就有研究者从专业的角度进行研究，认为马可·波罗从未到过中国，该书的内容只不过是从一些行脚商人那里听说的，再抄袭别的典籍，加上一些想象而写成。

怀疑者提出的论据包括：马可·波罗说自己很受忽必烈器重，还担任过官职，但是所有东方史籍都未对此做过记录；某些具有中国特色的东西，书中也不曾提及，例如长城、筷子、茶叶、中医、汉字、缠足等；书中有编造和违背史实的地方。

然而，肯定马可·波罗到过中国的人也对此一一地做出了解释。双方各持己见，互不相让。

对此，国学大师钱穆曾说，他"宁愿"相信马可·波罗真的到过中国，因为他对马可·波罗有一种"温情的敬意"。

可以肯定的是，不论马可·波罗有没有到过中国，他和他的《马可·波罗游记》都将在历史上留下浓重的一笔。

◀（元）如意云纹金盘

金盘以四个如意云纹组成，如意云纹相互叠叠，盘心又捶出四个小如意云纹，形似花朵，其余部位满饰錾刻缠枝花卉纹，造型新巧，别具一格，充分说明了当时元代手工业的高超。

〉〉〉北京国子监始建，这是我国元、明、清三代国家管理教育的最高行政机关。

◎看世界／法国"乡下佬"起义　　◎时间／1358年　　◎关键词／法国历史上规模最大的农民起义

▲（元）刻花罐
此罐造型周正，绘有缠枝牡丹纹，线条流畅，绘工精细，保存完好。

少年读全景中华上下五千年·5·宋元更替

▼ 蒙古崛起·疆域空前辽阔的元朝 ▼

一三五

〉〉〉元成宗之侄海山即位，是为元武宗，海山之弟爱育黎拔力八达被立为皇太子，约定兄终弟及。

◎看世界／奥斯曼占领亚德里亚堡　　　　◎时间／1362年　　　　◎关键词／欧洲重镇

关汉卿是元代最有名的剧作家、戏曲艺术家，其代表作为《窦娥冤》。他的作品吸收了文人文学和市井文学之长，体现了一种反抗黑暗社会的精神，为中国古典文学注入了新鲜的血液。关汉卿一生刚直不阿，崇尚自由，"我是个蒸不烂、煮不熟、捶不扁、炒不爆、响当当一粒铜豌豆"，可谓是对他自身的真实写照，他为全世界人民留下了宝贵的精神财富。

公元1206年～公元1368年
//////////////蒙古崛起//////////////
戏剧宗师关汉卿

朝的政策客观上为戏剧的发展提供了条件，尽管这不是统治者制定政策的初衷。

元朝时期，统治阶级奉行民族分化政策，严格限制科举考试。当时，读书人地位非常低，很难通过科举步入政坛。为了生计，也为了展示一下自己的才华，很多读书人逐渐和同处社会底层的戏剧人员为伍，并为他们创作剧本。

知识分子的加入，不仅使戏剧舞台更加活跃，而且极大地提高了戏剧的质量，增强了其文学性和艺术性。当时出现了很多出色的剧作家和剧作，最有代表性的便是戏剧宗师关汉卿和其剧作《窦娥冤》。

由于社会地位不高，剧作家们自然不会被统治阶级重视，因此也就不会有史官替他们写书立传，关于他们的史料自然就不多了。

神龙见首不见尾

作为中国古代著名戏剧大师，关汉卿的作品表现出来的艺术魅力和人文精神让世人由衷地敬服，但是，他的生平事迹至今仍然是一个谜。检索众多史料，关于他的记述寥寥无几，少得可怜。这位戏剧艺术大师，在为世人留下大量珍贵的艺术作品的同时又带着一丝神秘色彩。

据《录鬼簿》所载，关汉卿是元大都人，号已斋叟。关于其籍贯，目前有祁州、解州等说法，均无定论。

戏剧早在唐朝时就已诞生，但因内容单一发展较慢，直到元代才繁荣兴盛起来。这是因为元

东方的莎士比亚

关汉卿长时间混迹于市集戏坊，与社会最底层的人民来往频繁，他目睹百姓疾苦，感受人间聚散离合、人情世故，体味出百姓对现实的不满和对美好生活的向往。这些丰富的阅历，帮助他创作出了一部部表现平民生活和感情的优秀剧作，从而使他成为一代戏剧宗师。

相传关汉卿玉树临风、才华横溢、智冠当世，他富于幽默感，诗词歌赋、吹拉弹唱、舞蹈等样样皆精，还喜好打猎。

◀（元）釉里红缠枝牡丹纹瓷碗
这个瓷碗敞口，弧腹，圈足。碗的内外壁饰釉里红缠枝牡丹花纹，口沿内部饰卷草纹，外壁口沿处饰海水波浪纹，近足处为莲瓣纹。

◎看世界／德国汉萨同盟召开大会 　　　　◎时间／1367年　　　　◎关键词／同盟进入极盛时期

关汉卿一生共写有杂剧六十余部，目前存世的仅十八部，其数量和质量皆为元杂剧之首。除杂剧之外，他还作有很多散曲，目前存世的小令有五十余首，完整的套曲有十余篇。他的代表作品有：《窦娥冤》《救风尘》《望江亭》《鲁斋郎》《拜月亭》《调风月》《单刀会》等，给后人留下了宝贵的精神财富。

◀《颁授时历诏》书影

《授时历》为元朝1281年实施的历法名，以365.2425日为一岁，距近代观测值相差无几。

关汉卿的杂剧具有超强的艺术表现力。在创作剧本时，他把全部心思放在舞台上，不管是素材挑选、剧情组构，还是人物塑造、语言运用，都以舞台演出效果和观众心理为中心。他从不在作品中故意耍花枪，卖弄文采，因此冲破了部分文人在这方面的局限性。

关汉卿作品的内容大都以百姓生活为主，注重表现他们的辛酸劳苦和悲欢离合。不过，由于元朝腐朽的统治和历史的局限性，关汉卿在"如何实现社会的公平和正义"这一问题上只能借助于幻想，盼望"王法"的公平或者寄希望于弱者利用个人的才智进行斗争。

就语言风格来说，关汉卿是元杂剧"本色派"的代表。其作品语言符合剧中人物的身份和性格，和当时的社会口语相近，更能吸引观众，也有利于加强情感共鸣。

但是，这种语言并非完全照搬生活中的口语，而是一种经过关汉卿巧妙的艺术加工后增强了艺术表现力的语言。王国维曾称赞道："关汉卿一无依傍，自铸伟词，而其言曲尽人情，字字本色，故当为元人第一。"

由于成就辉煌，关汉卿被后世奉为元曲四大家之首。其作品如今被翻译成英文、法文、德文、日文等各种文字，在全世界广为流传。

关汉卿在世界文学艺术史上享誉甚高，被誉为"东方的莎士比亚"。

感天动地窦娥冤

《窦娥冤》是关汉卿的代表作品，它是一部令天地为之变色的悲剧，王国维认为它称得上是世界文学史上的伟大悲剧之一。

该剧主人公窦娥心地善良，却命途多舛，受尽折磨和不公。她从小被卖做童养媳，却很早就守了寡；她悉心照料婆婆，却为奸人所害，无故遭受牢狱之灾；她寄希望于官府为自己做主，却遇上一位昏庸无能、贪赃枉法的太守。最后，希望变成绝望，她命丧黄泉。其冤感天动地，致使"血溅六尺白绫，雪飞六月天"。这个结局跟人们平日所信奉的"善恶到头终有报"的信条大相径庭，在观众心里掀起了惊涛骇浪。

作者对社会不公的谴责和控诉，是从窦娥临死前悲愤的哭喊声中迸发出来的："有日月朝暮悬，有鬼神掌着生死权。天地也！只合把清浊分辨，可怎生糊突了盗跖、颜渊？为善的受贫穷更命短，造恶的享富贵又寿延。天地也，做得个怕硬欺软，却原来也这般顺水推船！地也，你不分好歹何为地！天也，你错勘贤愚枉做天！哎，只落得两泪涟涟。"

窦娥这番带血的控诉不仅揭露了当时元朝的腐朽统治，而且表明只要社会不公依然存在，那么窦娥式的悲剧就永远不会结束。

〉〉〉王祯著成《农书》，这是一部在全国范围内对整个农业进行系统研究的巨著，开创了以文、图、诗相配讲解农业知识的先例。

▲元杂剧演出壁画
元代戏曲文物，绘于明应王殿的壁上。明应王殿在山西洪洞县境内，俗称水神庙。